빵터지는 합격비법!

제과·제빵
기능사 실기

도서출판유강

서문(序文)

**문학서적과 인문서적으로 삶의 철학이 바뀔 수는 있지만
직업교육에 필요한 한 권의 전문서적은
여러분의 직업에 대한 희망과 행복을 만듭니다.**

현재 우리나라에는 도시부터 산간벽지에 이르기까지 전세계의 음식문화가 변화하여 다양하게 발전되고 있습니다.

이에, 빵·과자도 다양한 국가의 제품들이 완제품으로 또는 그 제조기술들이 유입되어 호황을 이루고 있습니다. 우리나라의 제과업계는 유사 이래 빵류, 과자류, 케이크류, 초콜릿류, 디저트류 및 그와 관련된 공예 등 그 기술이 눈부시게 발전하고 있습니다.

이에, 한국산업인력공단에서는 가장 대표적인 제과와 제빵을 국가기술자격 검정실기 품목으로 선정하여 기능사의 자격을 부여하고, 2008년도에는 제과제빵 NCS를 개발하였고, NCS를 전면 개편하여 현재 시행하고 있으며, 2017년부터는 과정평가형 국가기술 자격제도를 시행하고 있기에, 세계적인 경쟁 속에서 제과·제빵 기술분야의 발전에 발맞춰 가고 있습니다. 급변하는 외식산업의 발전에 부응하기 위하여, 우수한 제과·제빵 전문인력 양성에 기여하고자 합니다.

교사나 학습자가 서점의 많은 책들 중에서 한 권을 교재로 고르는 것은 신중해질 수밖에 없습니다. 그러므로 교육 현장에서 가르치며 느낀 그대로의 맞춤형 교재가 필요하다는 것이 더 절실했기에 교육전문용 교재를 집필하게 되었습니다.

본 교재는 자격증 실기 시험 시 필요한 주의 사항을 수십 년간의 교육 경험과 현장에서의 노하우를 토대로 집필하였습니다. 또한, 초보자들이 쉽게 이해할 수 있도록 과정을 설명하였고, 제과 20품목, 제빵 20품목 국가기술자격 검정의 최신 출제 기준에 입각한 교육에 정확한 지침서가 될 수 있으리라 확신합니다.

도서출판 유강의 유인하 회장님, (사)한국관광음식문화협회 강란기 이사장님, 성남제과조리직업전문학교와 성남제과제빵학원의 교직원 여러분께 감사의 인사를 드립니다.
또한, 사진과 디자인, 편집에 수고해 주신 씨엠씨 황익상 실장님의 노고에 감사드립니다.

이 책을 읽는 모든 분들의 무궁한 성공을 기원드립니다.

저자 드림

Contents

실기시험 품목
제과 · 제빵 기능사

설비 및 도구
9 제과 설비 및 도구
12 제빵 설비 및 도구

Part 01
18 제과기능사 실기시험 20품목
– 케이크류 / 타르트 · 파이류 / 구움과자류

Part 02
100 제빵기능사 실기시험 20품목
– 식빵류 / 단과자빵류 / 하드계열빵류

제과기능사 실기 20품목

18　과일 케이크

22　다쿠와즈

26　마데라 (컵) 케이크

30　마드레느

34　버터 스펀지 케이크 (공립법)

38　버터 스펀지 케이크 (별립법)

42　버터 쿠키

46　브라우니

50　소프트 롤 케이크

54　쇼트 브레드 쿠키

58　슈

62　시퐁 케이크

66　젤리 롤 케이크

70　초코 머핀 (초코 컵 케이크)

74　치즈 케이크

78　타르트

82　파운드 케이크

86　호두 파이

90　초코롤

94　흑미 롤 케이크 (공립법)

제빵기능사 실기 20품목

100 그리시니

104 단과자 빵 (소보로 빵)

108 단과자 빵 (크림 빵)

112 단과자 빵 (트위스트형)

116 단팥 빵 (비상 스트레이트법)

120 모카 빵

124 밤 식빵

128 버터 롤

132 버터 톱 식빵

136 베이글

140 빵 도넛

144 소시지 빵

148 스위트 롤

152 식빵 (비상 스트레이트법)

156 쌀 식빵

160 옥수수 식빵

164 우유 식빵

168 풀먼 식빵

172 호밀 빵

176 통밀 빵

실기시험 품목

제과기능사 실기 20품목

제과	시험시간	재료계량
18 과일 케이크	2시간 30분	13분
22 다쿠와즈	1시간 50분	5분
26 마데라 (컵) 케이크	2시간	9분
30 마드레느	1시간 50분	7분
34 버터 스펀지 케이크 (공립법)	1시간 50분	6분
38 버터 스펀지 케이크 (별립법)	1시간 50분	8분
42 버터 쿠키	2시간	6분
46 브라우니	1시간 50분	9분
50 소프트 롤 케이크	1시간 50분	10분
54 쇼트 브레드 쿠키	2시간	9분
58 슈	2시간	5분
62 시퐁 케이크	1시간 40분	8분
66 젤리 롤 케이크	1시간 30분	8분
70 초코 머핀 (초코 컵 케이크)	1시간 50분	11분
74 치즈 케이크	2시간 30분	9분
78 타르트	2시간 20분	5분
82 파운드 케이크	2시간 30분	9분
86 호두 파이	2시간 30분	7분
90 초코롤	1시간 50분	7분
94 흑미 롤 케이크 (공립법)	1시간 50분	7분

※출제경향 : 제과원료 계량, 반죽, 성형, 굽기 등의 공정을 거쳐 요구하는 제과 작품을 만드는 작업 수행

실기시험 품목

제빵기능사 실기 20품목

제빵	시험시간	재료계량
100 그리시니	2시간 30분	8분
104 단과자 빵 (소보로 빵)	3시간 30분	9분
108 단과자 빵 (크림 빵)	3시간 30분	9분
112 단과자 빵 (트위스트형)	3시간 30분	9분
116 단팥 빵 (비상 스트레이트법)	3시간	9분
120 모카 빵	3시간 30분	11분
124 밤 식빵	3시간 40분	10분
128 버터 롤	3시간 30분	9분
132 버터 톱 식빵	3시간 30분	9분
136 베이글	3시간 30분	7분
140 빵 도넛	3시간	12분
144 소시지 빵	3시간 30분	10분
148 스위트 롤	3시간 30분	9분
152 식빵 (비상 스트레이트법)	2시간 40분	8분
156 쌀 식빵	3시간 40분	9분
160 옥수수 식빵	3시간 40분	10분
164 우유 식빵	3시간 40분	8분
168 풀먼 식빵	3시간 40분	9분
172 호밀 빵	3시간 30분	10분
176 통밀 빵	3시간 30분	10분

※ 출제경향 : 제빵원료 계량, 반죽(발효), 성형, 굽기 등의 공정을 거쳐 요구하는 제빵 작품을 만드는 작업 수행

제과 설비 및 도구

Ⅰ 제과 설비

1. 믹서 (mixer)
일반적으로 제과점용이나 대량 생산용으로 구분하며 수직형 믹서는 제과점에서 많이 사용한다.

믹서 볼과 휘퍼

믹서

〈믹서의 부대 기구〉
믹서 볼과 휘퍼(Whipper), 비터(Beater), 훅(Hook)으로 구성되어 있다.

2. 파이 롤러
롤러의 간격을 조절하여 반죽을 각 제품 특성에 적합하도록 얇게 밀어 펴는 설비를 말하며, 퍼프 페이스트리, 데니쉬 페이스트리, 스위트 롤, 빵 도넛 등의 제품을 만들 때 사용하며 짧은 시간에 균일한 두께로 반죽을 밀어 펼 수 있는 설비이다.

3. 오븐 (oven)
1) 로터리 래크 오븐 : 팬닝이 완료된 제품을 구울 때 래크(lack)의 선반에 철판을 넣고 래크를 직접 오븐에 넣어 굽는 설비이다. 이 설비는 열의 분배를 고르게 할 수 있는 장점을 가지고 있으며, 일반 제과점에서 많이 사용하고 있다.

2) 데크 오븐 : 일반적으로 소형 제과점이나 학교 등에서 많이 사용 하는 설비로 2×3단, 3×3단을 이용한다.

3) 터널 오븐 : 대량 제품을 생산하는 공장에서 주로 사용하는 오븐을 말하며, 제품이 들어가는 입구와 출구가 다른 설비로 각 구역마다 버너를 조절하여 온도 관리를 할 수 있도록 되어 있다.

4) 컨벡션 오븐(convection oven) : 이 오븐은 대류식 오븐이라고 하며, 오븐의 실내 속에서 뜨거워진 공기를 강제로 순환시켜 빵이나 케이크의 제품 위에 차가운 공기층이 형성되는 것을 막아 효율적으로 열을 전달하는 설비를 말하며, 유럽 빵(프랑스 빵, 하드 롤) 등 데크 오븐에서 잘 구워지지 않는 제품에 적합하다.

데크 오븐

4. 튀김기
제과에 사용되는 튀김기는 제품에 따라 튀김 온도가 다르기 때문에 자동온도 조절장치가 부착되어 있으며, 일반적으로 제과점에서 사용하는 튀김설비는 소형이며, 대량 생산에 사용되는 튀김기는 컨베이어를 이용하여 연속으로 제품을 튀길 수 있는 설비를 말한다.

5. 제과 정형기
쿠키류 등과 같은 제품을 다량 생산할 때 사용 하는 설비를 말하며, 반죽에 수분 및 유지가 많은 반죽을 이용하여 싸는 형태와 질단(wire cutting) 등의 제품을 생산할 때 사용하는 설비를 말한다.

모양 깍지

Ⅱ 제과 도구

1. 각 종류의 도구

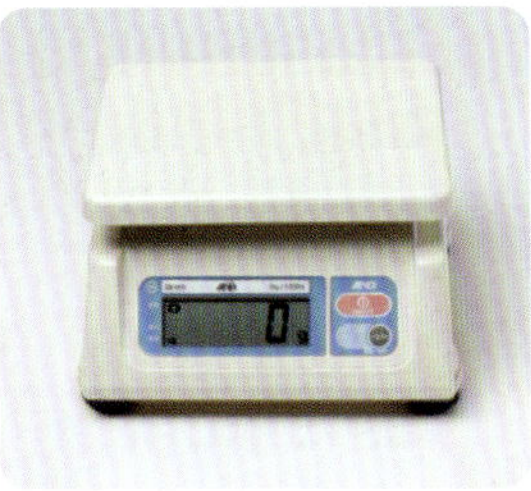

저울	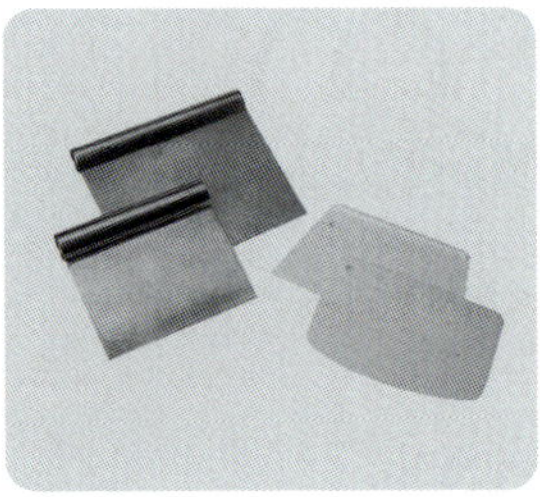 스크래퍼	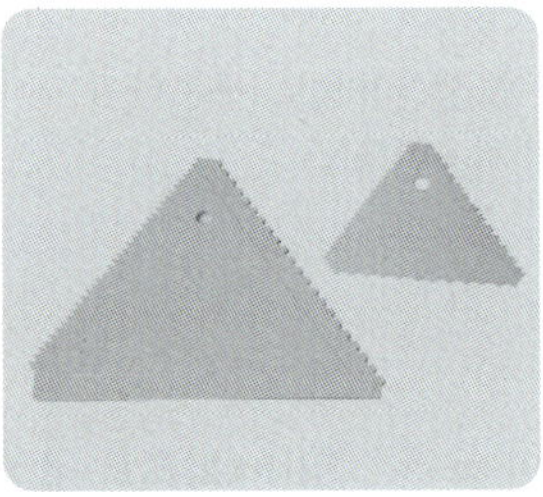 삼각톱 칼	 밀대
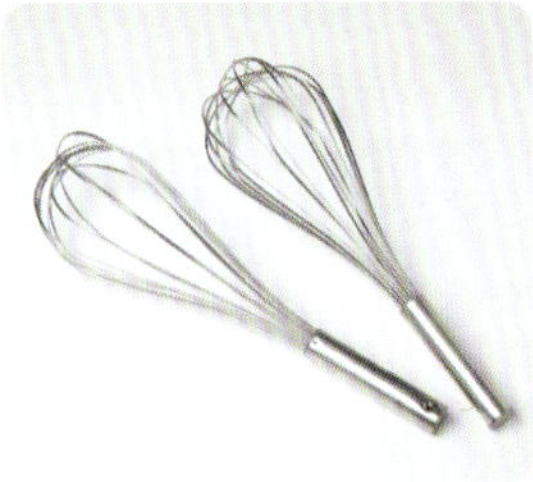 거품기	 붓	앙금 주걱	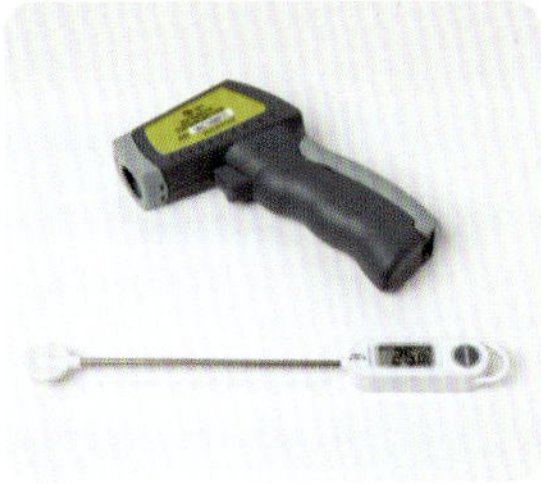 온도계
 스텐 볼	 체	 주걱	 계량컵

2. 모양 깍지와 짤주머니

짤주머니 끝에 주입하여 장식용 크림, 머랭 등을 짜거나 모양을 만들 때 사용하는 도구이다.
또한 부드러운 반죽(핑거 쿠키, 오믈렛, 오렌지 쿠키 등)을 평 철판에 짤 때도 사용한다.

모양 깍지

짤주머니

2. 수험자 지참준비물

재료명	규격	단위	수량	비고
오븐용장갑	제과제빵용	EA	1	
붓	제과제빵용	EA	1	
짤주머니	제과제빵용	EA	1	※ 모양깍지는 검정장시설로 "별모양, 원형, 납작톱니"가 구비되어 있으나, 수험생 별도 지참도 가능
분무기	제과제빵용	EA	1	
저울	제과제빵용	EA	1	개인용 저울 지참 가능 - 수험자 선택 사항으로 필요시 지참 - 측정단위는 1g 또는 2g - 크기 및 색깔 등은 제한 없음 - 제과용, 조리용으로 적합한 저울 (위생 불량할 경우 위생점수 전체 0점)
스쿱 등	제과제빵용	EA	–	재료 계량 용도의 소도구(계량컵, 스쿱, 주걱, 국자, 쟁반, 기타용기 등) 사용 가능

※ 스테인리스볼 필요량만큼 추가 지참 가능, (제과) 사과파이용 필러칼 지참 가능.

3. 수험자 유의사항

1) 항목별 배점은 **제조공정 55점, 제품평가 45점**이며, 요구사항 외의 제조방법 및 채점기준은 비공개입니다.
2) 시험시간은 재료 전처리 및 계량시간, 제조, 정리정돈 등 모든 작업과정이 포함된 시간입니다(감독위원의 계량확인 시간은 시험시간에서 제외).
3) 수험자 인적사항은 검은색 필기구만 사용하여야 합니다. 그 외 연필류, 유색 필기구, 지워지는 펜 등은 사용이 금지됩니다.
4) 시험 전과정 위생수칙을 준수하고 안전사고 예방에 유의합니다.

> - 시작 전 간단한 가벼운 몸 풀기(스트레칭) 운동을 실시한 후 시험을 시작하십시오.
> - 위생복장의 상태 및 개인위생(장신구, 두발·손톱의 청결 상태, 손씻기 등)의 불량 및 정리 정돈 미흡 시 위생 항목 감점처리 됩니다.

5) 다음 사항은 실격에 해당하여 채점 대상에서 제외됩니다.
   가) 수험자 본인이 수험 도중 시험에 대한 포기 의사를 표현하는 경우
   나) 위생복 상의, 위생복 하의(또는 앞치마), 위생모, 마스크 중 1개라도 착용하지 않은 경우
   다) 시험시간 내에 작품을 제출하지 못한 경우
   라) 수량(미달), 모양을 준수하지 않았을 경우
      • 지정된 수량 초과, 과다 생산의 경우는 총점에서 10점을 감점합니다.
      • 수량은 시험장 팬의 크기 등에 따라 감독위원이 조정하여 지정할 수 있으며, 잔여 반죽은 감독위원의 지시에 따라 별도로 제출하시오. (단, 'ㅇ개 이상'으로 표기된 과제는 제외합니다.)
      • 반죽 제조법(공립법, 별립법, 시퐁법 등)을 준수하지 않은 경우는 제조공정에서 반죽 제조 항목(과제별 배점 5~6점 정도)을 0점 처리하고, 총점에서 10점을 추가 감점합니다.
   마) 상품성이 없을 정도로 타거나 익지 않은 경우
   바) 지급된 재료 이외의 재료를 사용한 경우
   사) 시험 중 시설·장비의 조작 또는 재료의 취급이 미숙하여 위해를 일으킬 것으로 감독위원 전원이 합의하여 판단한 경우
6) 의문 사항이 있으면 감독위원에게 문의하고, 감독위원의 지시에 따릅니다.

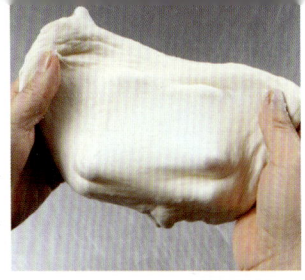

Part 01

제과기능사 20품목

과일 케이크 _ 18
다쿠와즈 _ 22
마데라 (컵) 케이크 _ 26
마드레느 _ 30
버터 스펀지 케이크 (공립법) _ 34
버터 스펀지 케이크 (별립법) _ 38
버터 쿠키 _ 42
브라우니 _ 46
소프트 롤 케이크 _ 50
쇼트 브레드 쿠키 _ 54
슈 _ 58
시퐁 케이크 _ 62
젤리 롤 케이크 _ 66
초코 머핀 (초코 컵 케이크) _ 70
치즈 케이크 _ 74
타르트 _ 78
파운드 케이크 _ 82
호두 파이 _ 86
초코롤 _ 90
흑미 롤 케이크 (공립법) _ 94

과일 케이크

Fruit Cake | 버터 케이크의 종류로 흰자와 노른자를 분리한 별립법을 이용한다.
반죽안에 여러 과일을 넣어 새콤달콤한 케이크이다.

 시험시간 **2시간 30분** 재료계량 **13분**

요구사항

다음 요구사항대로 과일 케이크를 제조하여 제출하시오.

1. 배합표의 각 재료를 계량하여 재료별로 진열하시오(13분).
   - 재료계량(재료당 1분) → [감독위원 계량확인] → 작품제조 및 정리정돈(전체시험시간−재료계량시간).
   - 재료계량 시간내에 계량을 완료하지 못하여 시간이 초과된 경우 및 계량을 잘못한 경우는 추가의 시간 부여 없이 작품제조 및 정리정돈 시간을 활용하여 요구사항의 무게대로 계량.
   - 달걀의 계량은 감독위원이 지정하는 개수로 계량.
2. 반죽은 **별립법**으로 제조하시오.
3. 반죽온도는 **23℃**를 표준으로 하시오.
4. 제시한 팬에 알맞도록 분할하시오.
5. 반죽은 전량을 사용하여 성형하시오.

재료명	비율 (%)	무게 (g)
박력분	100	500
설탕	90	450
마가린	55	275 (276)
달걀	100	500
우유	18	90
베이킹 파우더	1	5 (4)
소금	1.5	7.5 (8)
건포도	15	75 (76)
체리	30	150
호두분태	20	100
오렌지필	13	65 (66)
럼주(제과제빵용)	16	80
바닐라 향	0.4	2
계	459.9	2,299.5 (2,300~2,302)

※배합표상 달걀 무게 합산 표기
 (계량시간 내에는 달걀의 개수로 계량 후 제조 시 달걀흰자, 노른자를 분리하여 별립법으로 제조)

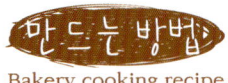 − 별립법 : 배합표에 따라 재료를 계량한 후, 감독관의 지시에 따라 작업을 실시한다.

01 〈과일 충전물 전처리 방법〉
ⓐ 건포도는 따뜻한 물에 약 10~15분 침지시킨 후 물기를 완전히 제거한다.
ⓑ 호두는 철판을 이용하여 오븐에서 살짝 볶아서 잘게 자른다.
ⓒ 체리는 잘게 자른 후 오렌지 필+건포도와 함께 럼주에 버무려둔다.

02 스텐볼에 마가린를 넣고 부드러운 크림상태로 만든다.

03 설탕과 소금을 2번에 나누어 넣으면서 거친 크림상태로 만든다.

04 3번 반죽에 노른자를 4~5회로 나누어 넣으면서 부드러운 크림상태로 만든다.
※ 최대한 수작업으로 공기포집을 많이 한다.

05 믹싱볼에 흰자를 넣어 60% 정도 거품을 중속으로 올리면서 나머지 설탕을 2~3회 나누어 넣는다.

06 흰자 거품을 중간 피크단계 (80~90%)까지 믹싱하여 단단한 머랭을 만든다.

07 4)반죽에 머랭을 1/3 정도 넣어 주걱으로 골고루 섞는다.

08 7)반죽에 체친 가루(박력분, 바닐라향, 베이킹 파우더)를 넣고, 주걱으로 골고루 섞는다.

09 8)반죽에 충전물(전처리한 과일류)을 넣고 골고루 섞는다.

Point 충전물은 밀가루로 버무려 사용하면 밑으로 가라앉는 것을 방지할 수 있다.

10 9)반죽에 우유와 럼주를 넣고 골고루 섞은 다음, 나머지 머랭을 넣고 가볍게 섞는다.
※ 오렌지필과 건포도를 건진 럼주는 버리지 않는다.

11 파운드틀(또는 원형3호 틀)에 위생지를 재단하여 깔고 반죽을 70~80% 정도 팬닝한 다음, 오븐 상170℃/하160℃에서 약 30~40분 정도 굽는다.

- 완제품을 정리하여 감독관에게 제출한다.
- 완제품 제출 후, 사용한 기구 및 작업대와 주변을 깨끗하게 정리 정돈 한다.

제품평가

ⓐ 제품을 절단했을 때 과일이 균일하게 분산되어 있어야 한다.
ⓑ 부풀림이 일정하고 표면에 기포 및 주름이 없어야 하고 균일한 색상이 나야 한다.

다쿠와즈

Dacquoise | 프랑스 닥스 지방에서 유래한 케이크로 불리우는 머랭을 이용한 쿠키이다.

 시험시간 **1시간 50분**  재료계량 **5분**

요구사항>

다음 요구사항대로 다쿠와즈를 제조하여 제출하시오.

1. 배합표의 각 재료를 계량하여 재료별로 진열하시오(5분).
   - 재료계량(재료당 1분) → [감독위원 계량확인] → 작품제조 및 정리정돈(전체시험시간-재료계량시간).
   - 재료계량 시간내에 계량을 완료하지 못하여 시간이 초과된 경우 및 계량을 잘못한 경우는 추가의 시간 부여 없이 작품제조 및 정리정돈 시간을 활용하여 요구사항의 무게대로 계량.
   - 달걀의 계량은 감독위원이 지정하는 개수로 계량.
2. **머랭**을 사용하는 반죽을 만드시오.
3. 표피가 갈라지는 다쿠와즈를 만드시오.
4. 다쿠와즈 2개를 크림으로 샌드하여 1조의 제품으로 완성하시오.
5. 반죽은 전량을 사용하여 성형하시오.

재료명	비율(%)	무게(g)
달걀흰자	130	325 (326)
설탕	40	100
아몬드 분말	80	200
분당	66	165 (166)
박력분	20	50
계	336	840 (842)
버터크림 (샌드용)	90	225 (226)

※충전용 재료는 계량시간에서 제외.

 배합표에 따라 재료를 계량한 후, 감독관의 지시에 따라 작업을 실시한다.

01 박력분, 아몬드 분말, 분당을 덩어리가 없도록 2회 체쳐 놓는다.

02 스텐볼에 흰자를 넣고 60% 정도 휘핑한 후 설탕을 2~3회 나누어 넣으면서 85~90%의 단단한 머랭을 만든다.

Point 거품으로 머랭의 최적상태 판단법
ⓐ 1단계(젖은 피크) : 흰자의 거품이 많지 않고 수분이 많아서 흐르는 정도
ⓑ 2단계(중간 피크) : 거품기에 묻혀들면 끝이 휘는 정도
ⓒ 3단계(건조 피크) : 물기가 없는 거품체로서 끝이 뾰족이 서는 정도

03 체질한 가루에 머랭 1/2을 넣고 섞은 다음 나머지 머랭 1/2로 되기를 조절한다.

04 반죽이 완료되면 평철판에 위생지나 데프론 시트지를 깔고 다쿠아즈 틀을 준비한다.

05 반죽을 짤주머니에 넣어 틀에 짜 준 다음, 스크레이퍼 또는 스패튤러를 사용하여 윗면이 평평하게 되도록 꼼꼼히 채운다.

06 5)의 작업이 완료되면 다쿠와즈 틀을 들어 빼준다.

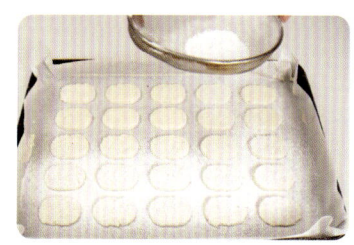

07 고운체를 사용하여 윗면에 골고루 분당을 2회 뿌려준다.

08 오븐에 넣어 상180℃/하140℃에서 약 10~15분 정도 굽는다.
※ 밝은 황갈색이 띠며, 갈라짐이 균일하게 나도록 굽는다.

09 구운 후, 크기가 같은 제품끼리 선별하여 감독관의 지시에 따라 샌드용 크림을 발라 2개씩 맞붙여 놓는다.

 - 완제품을 정리하여 감독관에게 제출한다.
- 완제품 제출 후, 사용한 기구 및 작업대와 주변을 깨끗하게 정리 정돈 한다.

제품평가

ⓐ 껍질 색상이 균일하고 밝은 황갈색이 바람직하며, 갈라짐(터짐)이 균일하고 보기가 좋아야 한다.
ⓑ 제품의 찌그러짐이 없고 균형감이 이루어야 한다.
ⓒ 제품 표면에 분당이 균일하게 분포되어야 하며, 제품의 크기와 모양이 유사해야 한다.
ⓓ 샌드한 크림의 양이 일정해야 한다.

마데라 (컵) 케이크

Madeira (cup) Cake | 컵케이크 종류 중 하나로,
작은 종이 컵 포장 안에 든 케이크를 말한다.

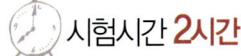 시험시간 **2시간**  재료계량 **9분**

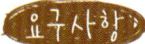

다음 요구사항대로 마데라 (컵) 케이크를 제조하여 제출하시오.

1. 배합표의 각 재료를 계량하여 재료별로 진열하시오(9분).
   - 재료계량(재료당 1분) → [감독위원 계량확인] → 작품제조 및 정리정돈(전체시험시간−재료계량시간).
   - 재료계량 시간내에 계량을 완료하지 못하여 시간이 초과된 경우 및 계량을 잘못한 경우는 추가의 시간 부여 없이 작품제조 및 정리정돈 시간을 활용하여 요구사항의 무게대로 계량.
   - 달걀의 계량은 감독위원이 지정하는 개수로 계량.
2. 반죽은 **크림법**으로 제조하시오.
3. 반죽온도는 **24°C**를 표준으로 하시오.
4. 반죽 분할은 주어진 팬에 알맞은 양을 팬닝하시오.
5. 적포도주 퐁당을 1회 바르시오.
6. 반죽은 전량을 사용하여 성형하시오.

※감독위원은 시험 전 주어진 팬을 감안하여 팬의 개수를 지정하여 공지한다.

재료명	비율(%)	무게(g)
박력분	100	400
버터	85	340
설탕	80	320
소금	1	4
달걀	85	340
베이킹 파우더	2.5	10
건포도	25	100
호두분태	10	40
적포도주	30	120
계	**418.5**	**1,674**
분당	20	80
적포도주	5	20

※충전용 재료는 계량시간에서 제외.

 — 크림법 : 배합표에 따라 재료를 계량한 후, 감독관의 지시에 따라 작업을 실시한다.

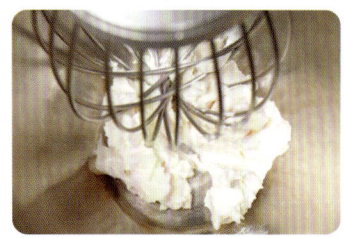

01 믹싱볼에 버터를 넣고 부드러운 크림상태로 만든다.
※ 버터가 단단하면 주걱으로 부드럽게 만들어 믹싱볼에 넣는다.

02 버터를 부드럽게 풀어준 후, 설탕, 소금을 넣고 믹싱한다.
(거친 크림화 상태)

03 달걀을 한 두 개씩(3~4회)로 나누어 넣으면서 크림이 분리되지 않도록 부드러운 크림 상태로 믹싱한다.
(달걀 투입 후, 스크래핑 해준다.)
※ 달걀을 첨가할 경우 크림이 분리되지 않도록 달걀 양과 투입 속도를 조절하면서 투입해야 한다.

04 반죽에 건포도와 잘게 자른 호두에 소량의 덧가루를 뿌려 혼합한 후 반죽에 넣고 가볍게 손이나 나무주걱을 사용하여 골고루 섞는다.

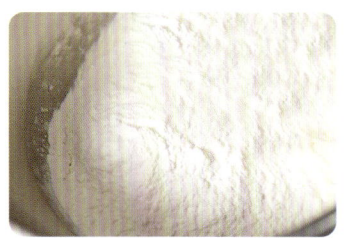

05 체친 가루(박력분, 베이킹 파우더)를 넣고 거품기나 나무주걱을 사용하여 덩어리지지 않게 잘 섞는다.

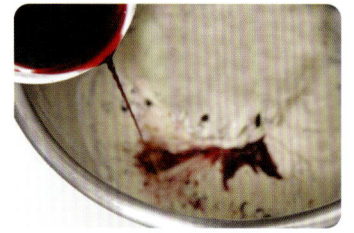

06 마지막으로 포도주를 넣으면서 반죽되기를 조절한다.
※ 매끄럽고 윤기 있는 상태

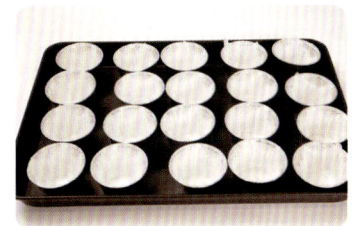

07 반죽이 완료되면 머핀틀(은박컵)을 준비한 후 머핀틀에 종이를 넣고 준비한다.

08 짤주머니에 반죽을 넣고 머핀틀에 약 80%가 되도록 일정하게 팬닝한다.
※ 주변을 깔끔하게 정리한다.

09 오븐의 온도를 상180℃/하160℃에서 약 20~25분 정도 굽는다.

Point 시럽제조 : 붉은 포도주 20g에 분당 80g을 녹여서 되직한 상태로 만든다.

10 굽기상태가 95% 이상 진행되면 컵케이크를 꺼내 붓을 사용하여 윗면 전체를 균일하게 포도주 시럽을 칠하고, 다시 오븐에서 시럽의 수분이 건조되는 상태까지 굽기를 완료한다(분당의 피막이 형성되는 상태).
※ 크리스탈 결정화가 될 때까지

- 완제품을 정리하여 감독관에게 제출한다.
- 완제품 제출 후, 사용한 기구 및 작업대와 주변을 깨끗하게 정리 정돈 한다.

제품평가

ⓐ 제품 틀(팬)에 부피가 알맞아야 하며, 찌그러지거나 윗면이 평평하면 안된다.
ⓑ 옆면과 밑면에 약간의 색이 나야 하며, 포도주 시럽의 껍질이 부드러워야 한다.
ⓒ 기공과 조직이 균일하고, 건포도와 호두가 잘 익고 분포가 균일해야 하며 포도주 맛과 부드러운 버터의 향이 잘 조화를 이루어야 한다.
ⓓ 윗면의 크리스탈화가 일정하게 되어야 한다.

마드레느

Madeleine | 프랑스 코멩씨라는 곳에서 유래한 전통적인 과자로, 조개 모양으로 된 작은 케이크이다.

 시험시간 **1시간 50분**　 재료계량 **7분**

다음 요구사항대로 마드레느를 제조하여 제출하시오.

1. 배합표의 각 재료를 계량하여 재료별로 진열하시오(7분).
   - 재료계량(재료당 1분) → [감독위원 계량확인] → 작품제조 및 정리 정돈(전체시험시간-재료계량시간).
   - 재료계량 시간내에 계량을 완료하지 못하여 시간이 초과된 경우 및 계량을 잘못한 경우는 추가의 시간 부여 없이 작품제조 및 정리정돈 시간을 활용하여 요구사항의 무게대로 계량.
   - 달걀의 계량은 감독위원이 지정하는 개수로 계량.
2. 마드레느는 수작업으로 하시오.
3. 버터를 녹여서 넣는 **1단계법(변형)** 반죽법을 사용하시오.
4. 반죽온도는 **24℃**를 표준으로 하시오.
5. 실온에서 휴지 시키시오.
6. 제시된 팬에 알맞은 반죽량을 넣으시오.
7. 반죽은 전량을 사용하여 성형하시오.

재료명	비율(%)	무게(g)
박력분	100	400
베이킹 파우더	2	8
설탕	100	400
달걀	100	400
레몬 껍질	1	4
소금	0.5	2
버터	100	400
계	403.5	1,614

— 1단계법(변형) :
- 배합표에 따라 재료를 계량한 후, 감독관의 지시에 따라 작업을 실시한다.
- 반죽제조는 1단계법 또는 1단계 변형으로 하시오.

01 잘 씻은 레몬을 강판에 갈아 놓는다.
※ 레몬껍질 부분만 사용한다.(노란색 부분만)

02 계량한 버터를 스텐볼에 넣어 중탕으로 녹여준다.

03 스텐볼에 체친 가루(박력분, 베이킹 파우더)와 설탕, 소금을 넣고 거품기로 섞는다.(골고루 혼합한다.)
※ 설탕이 밀가루 사이에 골고루 분산이 되어야 한다.

04 3)에 달걀을 풀어서 넣고 거품기로 섞는다.

05 혼합이 완료되면 갈아놓은 레몬 껍질을 넣고 거품기로 섞는다.

06 5)반죽에 중탕한 버터를 넣고 섞은 후, 반죽이 완성되면 반죽온도를 체크한다(반죽 온도 : 24℃).
※ 껍질이 마르지 않게 비닐을 덮어 실온에서 약 30분간 휴지를 시킨다.

Point 1단계법으로 제조할 수 있지만 글루텐의 발달에 의해 제품이 딱딱해짐을 방지하고자 2), 3), 4), 5), 6)과 같이 1단계법의 변형으로 작업을 한다.

07 마드레느 전용팬(조개모양)에 녹인버터(팬 스프레드)를 붓으로 바른다.
※ 기름칠(팬 스프레드) 종류는 감독관 지시에 따라 따른다.

Point 팬 스프레드는 이형제로서 버터(쇼트닝) : 전분 = 1 : 1 녹여 사용하거나 녹인 버터를 팬에 바르고 밀가루나 전분을 뿌려 사용해도 가능하다.

08 휴지가 완료되면, 짤주머니에 반죽을 채워 마드레느 전용팬에 80% 정도 균일한 양이 되도록 짜준다.
※ 휴지 온도가 높으면 모양이 제대로 안 나온다.

09 팬닝 작업이 완료되면 오븐에 굽기를 한다.
(마드레느틀 사용 시 상180℃/하140℃에서 15분, 마드레느 은박컵 사용 시 상180℃/하160℃에서 20분)
※ 오븐의 개폐 위치와 온도 차이에 의해 색상차이가 발생 되면 적당한 시간에 자리와 방향을 바꾸어 준다.
※ 오버 베이킹이 되지 않도록 주의를 하고 제품의 내부가 완전히 익고 팬의 무늬가 살아있으며 황금 갈색이 나도록 굽기를 마무리 한다.

 − 완제품을 정리하여 감독관에게 제출한다.
− 완제품 제출 후, 사용한 기구 및 작업대와 주변을 깨끗하게 정리 정돈 한다.

제품평가

ⓐ 팬닝량이 일정해야 하며 팬 밑으로 내려가거나 넘쳐서는 안된다.
ⓑ 제품의 전체 균형이 잡히고, 흠집이나 찌그러짐이 없어야 하며 줄무늬가 선명해야 한다.
ⓒ 부위별 기공이 균일하고 조직이 부드워야 하며 반점이나 끈적거림이 없어야 한다.
ⓓ 일정하게 모양이 제대로 나와야 한다.

버터 스펀지 케이크(공립법)

Butter Sponge Cake(Foam Type Method) | 제누와즈 라고도 하는데 프랑스어로 '케이크 시트'를 뜻한다.
달걀(전란)을 휘핑하여 농후하고 촉촉한 질감의 가벼운 스펀지 케이크를 말한다.

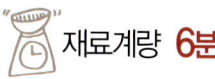 시험시간 **1시간 50분**   재료계량 **6분**

다음 요구사항대로 버터 스펀지 케이크(공립법)를 제조하여 제출하시오.

1. 배합표의 각 재료를 계량하여 재료별로 진열하시오(6분).
   - 재료계량(재료당 1분) → [감독위원 계량확인] → 작품제조 및 정리정돈(전체시험시간–재료계량시간).
   - 재료계량 시간내에 계량을 완료하지 못하여 시간이 초과된 경우 및 계량을 잘못한 경우는 추가의 시간 부여 없이 작품제조 및 정리정돈 시간을 활용하여 요구사항의 무게대로 계량.
   - 달걀의 계량은 감독위원이 지정하는 개수로 계량.
2. 반죽은 **공립법**으로 제조하시오.
3. 반죽온도는 **25℃**를 표준으로 하시오.
4. 반죽의 비중을 측정하시오.
5. 제시한 팬에 알맞도록 분할하시오.
6. 반죽은 전량을 사용하여 성형하시오.

재료명	비율(%)	무게(g)
박력분	100	500
설탕	120	600
달걀	180	900
소금	1	5 (4)
바닐라 향	0.5	2.5 (2)
버터	20	100
계	421.5	2,107.5 (2,106)

 — 공립법 : 배합표에 따라 재료를 계량한 후, 감독관의 지시에 따라 작업을 실시한다.

01 믹싱볼에 달걀을 넣고 풀어준 후, 설탕, 소금을 넣고 중탕한다.
※ 기온에 따라 중탕(37~43℃)하여 설탕을 녹인다.

02 1)반죽을 고속으로 거품을 올린다.(기포 극대화)
고속으로 거품올린 반죽을 저속으로 휘핑한다.(기포 미세화)
※ 연한 미색을 띠며 거품기 자국이 생긴다.
　- 걸쭉한 상태

03 2)반죽에 체친 가루(박력분, 향)를 나무주걱으로 가볍게 섞는다.
※ 가루재료가 덩어리지지 않게 신속하게 섞는다.

04 중탕한 버터 용기에 반죽 일부를 넣고 섞는다.
(버터 온도 50~60℃).
※ 중탕한 버터+버터와 동일한 양의 반죽

05 본 반죽에 버터반죽을 넣고 가볍게 빨리 섞어서 반죽을 완료한다.

06 반죽이 완성되면 반죽온도와 비중을 체크한다.
(반죽 온도 : 25℃, 비중 : 0.50±0.05).

07 평 철판 또는 3호 원형팬에 위생지를 재단하여 깔고 팬닝을 60% 정도한 후, 윗면의 큰 기포를 제거한다.
※ 가볍게 태핑하여 윗면의 잔기공을 제거한다.

08 팬닝이 완료 되면 오븐 상180℃/하160℃에서 약 20~30분 정도 굽는다.

Point 오븐에 따라 온도 편차가 생기면 적절한 시간에 팬의 위치를 바꾸어 주면서 굽는다.

 – 완제품을 정리하여 감독관에게 제출한다.
– 완제품 제출 후, 사용한 기구 및 작업대와 주변을 깨끗하게 정리 정돈 한다.

제품평가

ⓐ 껍질이 벗겨지지 않고, 속결은 기공 및 조직이 균일해야 한다.
ⓑ 표면이 건조하거나 찌그러져서는 안된다.
ⓒ 제품의 껍질이 두껍지 않아야 하며, 표면에 반점이 없어야 한다.
ⓓ 황금 갈색으로 부풀림이 일정해야 한다.

버터 스펀지 케이크 (별립법)

Butter Sponge Cake (Seperated Egg Sponge Method)

쇼트 케이크나 롤 케이크를 만들 때의 몸체가 되는 것으로 내용이
스펀지상 조직이다. 흰자와 노른자를 따로 휘핑하여 만든 케이크

 시험시간 **1시간 50분** 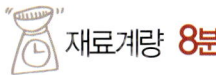 재료계량 **8분**

다음 요구사항대로 버터 스펀지 케이크(별립법)를 제조하여 제출하시오.

1. 배합표의 각 재료를 계량하여 재료별로 진열하시오(8분).
   - 재료계량(재료당 1분) → [감독위원 계량확인] → 작품제조 및 정리정돈(전체시험시간-재료계량시간).
   - 재료계량 시간내에 계량을 완료하지 못하여 시간이 초과된 경우 및 계량을 잘못한 경우는 추가의 시간 부여 없이 작품제조 및 정리정돈 시간을 활용하여 요구사항의 무게대로 계량.
   - 달걀의 계량은 감독위원이 지정하는 개수로 계량.
2. 반죽은 **별립법**으로 제조하시오.
3. 반죽온도는 **23℃**를 표준으로 하시오.
4. 반죽의 비중을 측정하시오.
5. 제시한 팬에 알맞도록 분할하시오.
6. 반죽은 전량을 사용하여 성형하시오.

재료명	비율 (%)	무게 (g)
박력분	100	600
설탕 (A)	60	360
설탕 (B)	60	360
달걀	150	900
소금	1.5	9 (8)
베이킹 파우더	1	6
바닐라 향	0.5	3 (2)
버터 (용해)	25	150
계	398	2,388 (2,386)

※배합표상 달걀 무게 합산 표기
(계량시간 내에는 달걀의 개수로 계량 후 제조 시 달걀흰자, 노른자를 분리하여 별립법으로 제조)

 — 별립법 : 배합표에 따라 재료를 계량한 후, 감독관의 지시에 따라 작업을 실시한다.

01 달걀을 흰자와 노른자로 분리하여 노른자를 골고루 풀어준 후 설탕A, 소금을 넣고 휘핑한다.

02 적당한 되기와 점도를 갖게 만든다(설탕, 소금을 최대한 용해 시킨다).
※ 미색이 될 때까지 휘핑한다.(최대한의 공기포집)

03 믹싱볼에 흰자를 넣고 거품을 60% 정도 형성시킨 후, 설탕 B를 2~3회 나누어 넣으면서 거품 낸다.

04 고속으로 믹싱한 머랭은 중간 피크(80~90%) 상태로 만든다.
※ 중간 피크상태는 끝이 휘는 상태(독수리 발톱 모양)이다.

05 나무주걱을 사용하여 2)반죽에 4)의 머랭를 1/3을 넣고 골고루 가볍게 섞어준다.

06 반죽에 체친 가루(박력분, 베이킹 파우더, 향)을 넣고 나무 주걱으로 가볍게 섞어준다.
※ 반죽에 가루 재료가 풀리지 않아 덩어리가 생기면 제품이 주저앉기 쉬우므로 주의를 해야 한다.

07 용해 버터 용기에 동일한 양의 6)의 반죽을 조금 넣고 섞은 후, 6)의 반죽에 부어 골고루 잘 섞는다.

 버터온도를 55~60℃를 맞추는 것이 중요하다. 이 온도 범위를 벗어나면 버터가 빨리 굳고 밀가루, 계란 등의 원료끼리 융합이 잘 안되기 때문이다.

08 7)반죽에 나머지 머랭을 넣고 가볍게 섞는다.

09 반죽이 완성되면 반죽온도와 비중을 체크한다.
(반죽 온도 : 23℃, 비중 : 0.50±0.05)

10 평 철판 또는 3호 원형팬에 위생지를 재단하여 깔고 팬닝을 60% 정도한 후, 윗면의 큰 기포를 제거하고 표면을 평평하게 고른 다음 오븐에 넣어 상180℃/하160℃에서 약 20~30분 정도 굽는다.

- 완제품을 정리하여 감독관에게 제출한다.
- 완제품 제출 후, 사용한 기구 및 작업대와 주변을 깨끗하게 정리 정돈 한다.

제품평가

ⓐ 틀 위로 부풀어 오른 비율이 알맞고, 찌그러짐이 없이 좌우가 대칭을 이루어야 한다.
ⓑ 껍질이 두껍지 않고 반점이 없어야 한다.
ⓒ 속결은 기공과 조직이 균일하고, 조밀하지 않아야 한다.
ⓓ 황금 갈색이며 동일한 크기여야 한다.

버터 쿠키

Butter Cookie | 버터 비스킷이라고 불리는 이 과자는 사블레나 덴마크 비스킷이라고도 알려져 있다.

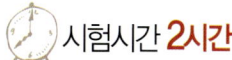 시험시간 **2시간**　　 재료계량 **6분**

요구사항

다음 요구사항대로 버터 쿠키를 제조하여 제출하시오.

1. 배합표의 각 재료를 계량하여 재료별로 진열하시오(6분).
    - 재료계량(재료당 1분) → [감독위원 계량확인] → 작품제조 및 정리 정돈(전체시험시간-재료계량시간).
    - 재료계량 시간내에 계량을 완료하지 못하여 시간이 초과된 경우 및 계량을 잘못한 경우는 추가의 시간 부여 없이 작품제조 및 정리정돈 시간을 활용하여 요구사항의 무게대로 계량.
    - 달걀의 계량은 감독위원이 지정하는 개수로 계량.
2. 반죽은 **크림법**으로 수작업 하시오.
3. 반죽온도는 **22℃**를 표준으로 하시오.
4. 별모양 깍지를 끼운 짤주머니를 사용하여 감독위원이 요구하는 2가지 모양짜기를 하시오. (8자, 장미모양)
5. 반죽은 전량을 사용하여 성형하시오.

재료명	비율(%)	무게(g)
박력분	100	400
버터	70	280
설탕	50	200
소금	1	4
달걀	30	120
바닐라 향	0.5	2
계	251.5	1,006

 — 크림법 : 배합표에 따라 재료를 계량한 후, 감독관의 지시에 따라 작업을 실시한다.

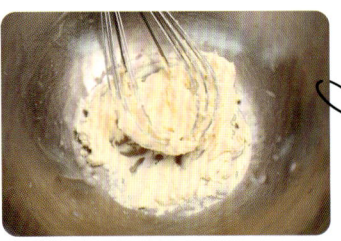

01 스텐볼에 버터를 넣고 거품기를 사용하여 부드럽게 풀어준다.

 동절기에는 유지가 너무 딱딱하면 스텐 용기 밑에 따뜻한 물을 중탕하면서 크림화를 하면 용이하게 할 수 있다.

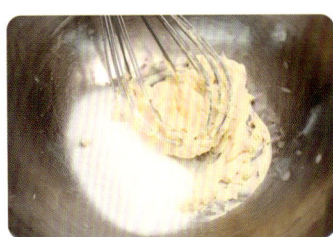

02 1)반죽에 설탕, 소금을 넣고 크림상태로 만든다.
※ 거친 크림화 상태

03 2)반죽에 달걀을 한개씩 넣으면서 부드러운 크림을 만든다.
※ 크림화가 덜 되면 단단한 쿠키가 되므로 크림화를 충분히 한다.

04 3)에 체친 가루(박력분, 바닐라 향)을 넣고 주걱으로 가볍게 섞어준다.

05 반죽이 완성되면 반죽온도를 체크한다.
(반죽 온도: 22℃)

06 4)에서 반죽이 완료되면 짤주머니에 별 모양 깍지를 끼운 후, 반죽을 넣고 평 철판에 일정한 크기, 간격, 두께를 유지하며 원형(장미) 모양으로 짜준다.

반죽을 짤 때 열효율과 제품의 균일한 색상 및 수분함량을 위해 높이는 1cm 정도, 상하좌우 간격은 2.5~3.0cm 정도를 유지하며 엇갈리게 짜는 것이 좋다.

07 평 철판에 일정한 크기, 간격, 두께를 유지하며 8자모양으로 짜준다.

08 살짝 건조시킨다. (선명한 결 형성)

09 오븐에 넣어 상190℃/하140℃에서 약 10~15분 정도 굽는다.
※ 황금 갈색이 골고루 나도록 한다.

– 완제품을 정리하여 감독관에게 제출한다.
– 완제품 제출 후, 사용한 기구 및 작업대와 주변을 깨끗하게 정리 정돈 한다.

제품평가

ⓐ 제품의 모양깍지 줄무늬가 선명해야 하며, 퍼짐이 일정하고 부피감이 있어야 한다.

ⓑ '에스' 자 '8' 자 형태가 균일하고 대칭으로 균형이 잡혀야 한다.

ⓒ 제품이 황금 갈색의 색상이 나야 하며 밑면에는 적정한 색이 나야 한다.

ⓓ 드롭쿠키의 부드러움과 버터향이 조화를 잘 이루고 생 재료, 탄맛 등이 없어야 한다.

브라우니

Brownie | 진한 초콜릿 케이크로, 초콜릿 케이크를 만들다가 실수로 이스트를 넣지 않아 부풀지 않은 케이크가 완성되었는데, 이를 맛본 사람들이 특유의 쫀득한 느낌에 의외로 호감을 나타내어 지금과 같은 브라우니로 대중화 되었다.

 시험시간 **1시간 50분**　 재료계량 **9분**

요구사항

다음 요구사항대로 브라우니를 제조하여 제출하시오.

1. 배합표의 각 재료를 계량하여 재료별로 진열하시오(9분).
   - 재료계량(재료당 1분) → [감독위원 계량확인] → 작품제조 및 정리정돈(전체시험시간–재료계량시간).
   - 재료계량 시간내에 계량을 완료하지 못하여 시간이 초과된 경우 및 계량을 잘못한 경우는 추가의 시간 부여 없이 작품제조 및 정리정돈 시간을 활용하여 요구사항의 무게대로 계량.
   - 달걀의 계량은 감독위원이 지정하는 개수로 계량.
2. 브라우니는 **수작업**으로 반죽하시오.
3. 버터와 초콜릿을 함께 녹여서 넣는 1단계 변형반죽법으로 하시오.
4. 반죽온도는 **27℃**를 표준으로 하시오.
5. 반죽은 전량을 사용하여 성형하시오.
6. 3호 원형팬 2개에 패닝하시오.
7. 호두의 반은 반죽에 사용하고 나머지 반은 토핑하며, 반죽속과 윗면에 골고루 분포되게 하시오(호두는 구워서 사용).

재료명	비율(%)	무게(g)
중력분	100	300
달걀	120	360
설탕	130	390
소금	2	6
버터	50	150
다크 초콜릿 (커버춰)	150	450
코코아 파우더	10	30
바닐라 향	2	6
호두분태	50	150
계	614	1,842

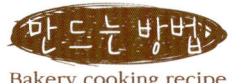 배합표에 따라 재료를 계량한 후, 감독관의 지시에 따라 작업을 실시한다.

01 다진 초콜릿과 버터를 스텐볼에 넣고 중탕으로 녹인다.
※ 녹인 온도가 50℃ 정도

02 스텐볼에 달걀 풀고 설탕, 소금을 넣고 중탕으로 섞어준다.

03 2)에 체질한 가루를 넣고 섞는다.
※ 공기가 들어가지 않게 빠르게 혼합한다.

04 호두는 오븐에 살짝 구워서 식힌다.
※ 약간의 갈색이 될 때까지

05 식힌 호두의 1/2을 4)에 넣고 섞는다.
※ 반죽온도 : 27℃

06 3호 원형팬에 위생 종이를 깔고 반죽을 60% 정도 채운다.
※ 반죽온도가 내려가지 않게 빠르게 팬닝한다.(중요)

07 　윗면에 나머지 호두를 골고루 분포되게 뿌린다.

08 　오븐에 넣어 상180℃/하160℃에서 약 40분 정도 굽는다.

 － 완제품을 정리하여 감독관에게 제출한다.
－ 완제품 제출 후, 사용한 기구 및 작업대와 주변을 깨끗하게 정리 정돈 한다.

제품평가

ⓐ 제품의 표면이 편편하고, 초콜릿 특유의 색상을 나타내어야 한다.
ⓑ 호두는 제품 전체에 고르게 분포 되어야 한다.
ⓒ 씹는 맛은 호두와 조화를 잘 이루고, 끈적거리거나 또는 냄새가 나서는 안된다.
ⓓ 자른 단면의 기공과 조직이 조밀조밀해야 한다.

소프트 롤 케이크

Soft Roll Cake | 달걀의 노른자와 흰자를 분리하여 각각 거품을 내어 섞고 가루 재료를 넣어 만드는 롤 케이크의 종류이다.

 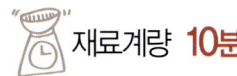

시험시간 **1시간 50분**   재료계량 **10분**

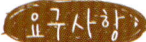

다음 요구사항대로 소프트 롤 케이크를 제조하여 제출하시오.

1. 배합표의 각 재료를 계량하여 재료별로 진열하시오(10분).
    - 재료계량(재료당 1분) → [감독위원 계량확인] → 작품제조 및 정리정돈(전체시험시간-재료계량시간).
    - 재료계량 시간내에 계량을 완료하지 못하여 시간이 초과된 경우 및 계량을 잘못한 경우는 추가의 시간 부여 없이 작품제조 및 정리정돈 시간을 활용하여 요구사항의 무게대로 계량.
    - 달걀의 계량은 감독위원이 지정하는 개수로 계량.
2. 반죽은 **별립법**으로 제조하시오.
3. 반죽온도는 22℃를 표준으로 하시오.
4. 반죽의 비중을 측정하시오.
5. 제시한 팬에 알맞도록 분할하시오.
6. 반죽은 전량을 사용하여 성형하시오.
7. 캐러멜 색소를 이용하여 무늬를 완성하시오(무늬를 완성하지 않으면 제품 껍질 평가 0점 처리).

재료명	비율(%)	무게(g)
박력분	100	250
설탕(A)	70	175 (176)
물엿	10	25 (26)
소금	1	2.5 (2)
물	20	50
바닐라 향	1	2.5 (2)
설탕(B)	60	150
달걀	280	700
베이킹 파우더	1	2.5 (2)
식용유	50	125 (126)
계	593	1,482.5 (1,484)
잼	80	200

※충전용 재료는 계량시간에서 제외.
※배합표상 달걀 무게 합산 표기
 (계량시간 내에는 달걀의 개수로 계량 후 제조 시 달걀흰자, 노른자를 분리하여 별립법으로 제조)

 — 별립법 : 배합표에 따라 재료를 계량한 후, 감독관의 지시에 따라 작업을 실시한다.

01 스텐볼에 노른자를 풀어준 후 설탕A, 물엿, 소금을 넣고 중간정도까지 휘핑한 다음 물을 조금씩 넣으면서 휘핑한다.
※ 설탕A, 물엿, 소금이 녹을 때까지 휘핑한다.
 (걸죽한상태)

02 믹싱볼에 흰자를 넣고 거품을 60% 정도 형성시킨 후, 설탕B를 넣은 다음 중간 피크(80~90%)까지 믹싱하여 머랭을 만든다.
※ 중간 피크상태는 끝이 휘는 상태(독수리 발톱 모양)이다.

03 1)반죽에 2)의 머랭을 1/3 정도 넣고 주걱을 사용하여 가볍게 섞어준다.

04 체친 가루(박력분, 베이킹 파우더)를 넣고 골고루 가볍게 섞어준다.
※ 반죽에 가루 재료가 풀리지 않아 덩어리가 생기면 제품이 주저앉기 쉬우므로 주의를 해야 한다.

05 식용유 용기에 4)의 반죽을 동일한 양을 넣고 섞은 후, 다시 4)의 반죽에 넣어 골고루 잘 섞어준다.

06 5)반죽에 나머지 머랭을 넣고 신속하게 섞어준다.

07 반죽이 완성되면 반죽온도와 비중을 체크한다.
(반죽 온도 : 22℃, 비중 : 0.45±0.05).

08 평철판에 위생지를 깔고, 팬닝을 한 후, 표면을 고르게 편 다음 비중 체크한 반죽과 캐러멜 색소를 혼합한 후 짤주머니(종이 또는 비닐)에 넣어 무늬를 낸다.

09 팬닝이 완료 되면 오븐 상180℃/하140℃에서 약 15~20분 정도 굽는다.

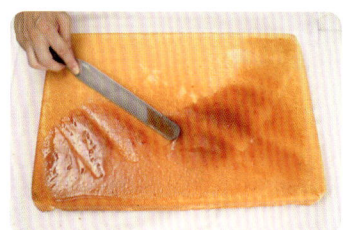

10 구운 후, 젖은 면포 또는 기름 종이 위에 제품을 뒤집어 놓고, 물을 스프레이하여 위생지를 떼어 낸 다음 잼을 골고루 얇게 펴 바른다.

11 밀대를 이용하여 좌우 균형이 잡힌 원통형이 되도록 말아 준다.

- 완제품을 정리하여 감독관에게 제출한다.
- 완제품 제출 후, 사용한 기구 및 작업대와 주변을 깨끗하게 정리 정돈 한다.

제품평가

ⓐ 무늬가 균일하고 말아 올린 원통형이 좌우 대칭이 되어야 한다.
ⓑ 껍질의 색이 균일하고 터짐과 주름이 없어야 한다.
ⓒ 기공과 조직이 부위별로 균일하고, 지나치게 눌려 있거나 또는 줄무늬, 반점이 없어야 한다.
ⓓ 부풀림이 좋아야 한다.

쇼트 브레드 쿠키

Short Bread Cookie | 밀가루·설탕·버터를 충분히 넣은 반죽을 밀어 편 후 구워내는 달콤한 맛의 영국식 쿠키로, 쇼트 브레드라고도 일컫는다.

 시험시간 **2시간**  재료계량 **9분**

요구사항

다음 요구사항대로 쇼트 브레드 쿠키를 제조하여 제출하시오.

1. 배합표의 각 재료를 계량하여 재료별로 진열하시오(9분).
    - 재료계량(재료당 1분) → [감독위원 계량확인] → 작품제조 및 정리정돈(전체시험시간-재료계량시간).
    - 재료계량 시간내에 계량을 완료하지 못하여 시간이 초과된 경우 및 계량을 잘못한 경우는 추가의 시간 부여 없이 작품제조 및 정리정돈 시간을 활용하여 요구사항의 무게대로 계량.
    - 달걀의 계량은 감독위원이 지정하는 개수로 계량.
2. 반죽은 수작업으로 하여 **크림법**으로 제조하시오.
3. 반죽온도는 **20℃**를 표준으로 하시오.
4. 제시한 정형기를 사용하여 두께 0.7~0.8cm, 지름 5~6cm(정형기에 따라 가감) 정도로 정형하시오.
5. 제시한 2개의 팬에 전량 성형하시오.
   (단, 시험장 팬의 크기에 따라 감독위원이 별도로 지정할 수 있다.)
6. 달걀노른자칠을 하여 무늬를 만드시오.
    - 달걀은 총 7개를 사용하며, 달걀 크기에 따라 감독위원이 가감하여 지정할 수 있다.
      ① 배합표 반죽용 4개(달걀 1개+노른자용 달걀 3개)
      ② 달걀 노른자칠용 달걀 3개

재료명	비율 (%)	무게 (g)
박력분	100	500
마가린	33	165 (166)
쇼트닝	33	165 (166)
설탕	35	175 (176)
소금	1	5 (6)
물엿	5	25 (26)
달걀	10	50
노른자	10	50
바닐라 향	0.5	2.5 (2)
계	227.5	1,137.5 (1,142)

 — 크림법 : 배합표에 따라 재료를 계량한 후, 감독관의 지시에 따라 작업을 실시한다.

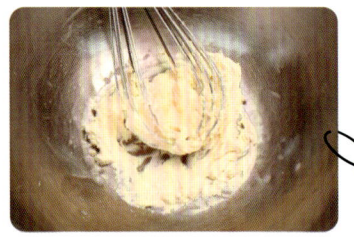

01 스텐볼에 버터, 쇼트닝을 넣고 거품기를 사용하여 부드럽게 풀어준다.
※ 작업실의 실내온도가 낮을 경우에는 더운물을 받치고 크림을 만들면 분리를 방지할 수 있다.

 겨울철의 경우 버터와 쇼트닝의 경도가 같은 경우에는 함께 섞고, 다를 경우에는 경도가 높은 것부터 유연하게 만든 후 섞어준다.

02 1)에 설탕, 물엿, 소금을 2~3회로 나누어 넣으면서 크림 상태를 만든다.
※ 거친 크림화 상태

03 노른자와 달걀을 3~4회로 나누어 넣으면서 부드러운 크림을 만든다.

 동절기에는 분리를 방지하기 위해 먼저 노른자를 한 개 넣고 달걀을 3~4회 투입한다.

04 3)의 크림이 완료되면, 체친 가루(박력분, 바닐라 향)를 넣고 주걱으로 골고루 섞은 다음, 반죽이 완성되면 반죽 온도를 체크한다.
(반죽 온도 : 20℃)

05 4)의 반죽을 한 덩어리로 만들어 표면이 건조되지 않도록 비닐로 싼 후 20~30분간 냉장 휴지를 시킨다.

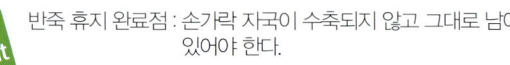 반죽 휴지 완료점 : 손가락 자국이 수축되지 않고 그대로 남아 있어야 한다.

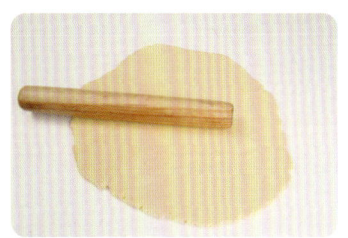

06 휴지의 완료점을 확인한 후, 한 번에 밀어 펴기 적당한 양으로 분할해 0.7~0.8cm 두께로 반죽을 밀어 편다.

07 달걀 노른자(바르기용 2~3개)를 준비한다.

08 두께를 일정하게 조정하여 찌그러짐이 없도록 밀어 펴고, 시험장에서 제시한 정형기를 이용하여 성형을 실시한 후 팬닝을 한다.
　※ 반죽이 남지 않도록 각종 틀로 찍어내고, 덧가루를 많이 사용하면 제품에서 냄새 및 줄무늬가 나타나므로 주의를 해야 한다.

09 팬닝 후, 반죽표면에 노른자를 붓으로 1~2회 정도 얇게 바른다.

10 포크 또는 삼각톱 칼을 이용하여 무늬를 내준다.

11 오븐에 넣어 상180℃/하160℃에서 약 12~15분 정도 굽는다.
　※ 황금 갈색이 골고루 나도록 한다.

 － 완제품을 정리하여 감독관에게 제출한다.
　－ 완제품 제출 후, 사용한 기구 및 작업대와 주변을 깨끗하게 정돈 정돈 한다.

제품평가

ⓐ 제품이 황금 갈색을 띠며, 퍼짐이 일정해야 한다.
ⓑ 대칭을 이루어야 하며, 찌그러짐이 없어야 한다.
ⓒ 제품의 기공이 크지 않고 균일해야 하며, 씹는 맛이 부드러워야 한다.
ⓓ 끈적거림과 탄 냄새가 없어야 하며, 바삭바삭한 식감이 있어야 한다.
ⓔ 두께가 일정해야 한다.

슈

Choux | "양배추 속의 크림"이라는 뜻이며,
양배추 모양의 슈에 카스타드 크림이 들어 있다.

 시험시간 **2시간**    재료계량 **5분**

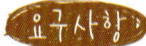

다음 요구사항대로 슈를 제조하여 제출하시오.

1. 배합표의 껍질 재료를 계량하여 재료별로 진열하시오(5분).
   - 재료계량(재료당 1분) → [감독위원 계량확인] → 작품제조 및 정리정돈(전체시험시간-재료계량시간).
   - 재료계량 시간내에 계량을 완료하지 못하여 시간이 초과된 경우 및 계량을 잘못한 경우는 추가의 시간 부여 없이 작품제조 및 정리정돈 시간을 활용하여 요구사항의 무게대로 계량.
   - 달걀의 계량은 감독위원이 지정하는 개수로 계량.
2. 껍질 반죽은 **수작업**으로 하시오.
3. 반죽은 직경 3cm 전후의 원형으로 짜시오.
4. 커스터드 크림을 껍질에 넣어 제품을 완성하시오.
5. 반죽은 전량을 사용하여 성형하시오.

재료명	비율(%)	무게(g)
물	125	250
버터	100	200
소금	1	2
중력분	100	200
달걀	200	400
계	526	1,052
커스터드 크림	500	1,000

※충전용 커스터드 크림을 지급재료로 제공하며, 수험생은 제조하지 않음.
※충전용 재료는 계량시간에서 제외.

 배합표에 따라 재료를 계량한 후, 감독관의 지시에 따라 작업을 실시한다.

01 스텐볼에 물, 버터, 소금을 넣고 가스불에 올려서 끓인다.

02 체친 중력분을 넣고 주걱 또는 거품기를 사용하여 섞는다.

03 2)의 반죽을 불에 올려 눋지 않도록 저으면서 충분히 호화를 시킨다.
※ 호화가 덜 되면 부풀지 않고, 호화가 많이 되면 껍질이 거칠다.

 호화 종점은 반죽을 끓인 후 반죽이 덩어리로 뭉치면서 표면이 매끄럽고 약간 어두운 색상으로 변화할 때를 말한다.

04 3)을 불에서 내려놓은 후 달걀을 2~3개씩 나누어 넣는다.

05 반죽 상태를 확인하며 달걀을 넣는다.

06 짤주머니에 지름 1cm 원형 깍지를 끼워 반죽을 넣고 직경 3cm 정도의 일정한 크기로 간격을 맞추어 짠다.

수작업을 할 때에는 평철판에 기름성분이 남아 있으면 제품이 부풀지 않기 때문에 물 행주로 청결하게 해야 한다.

07 5)의 작업이 완료되면 직접 물에 침지하거나 또는 분무기를 이용하여 반죽이 완전히 젖도록 한다.

08 굽기 초기 10~15분은 밑불을 높게하여 상180℃/하200℃에서 팽창시킨 후 밑불을 줄이고 윗불을 조금 올린 후 상200℃/하180℃에서 색이 나면 온도를 낮추어 굽는다. (총 25~30분간 굽는다.)
※ 굽기 초기 단계에는 오븐 문을 열지 않아야 된다.

09 굽기가 완료되면 제품을 냉각시킨 후 짤주머니에 크림을 넣고 밑면에 구멍을 내어 충전용 크림을 넣는다.

– 완제품을 정리하여 감독관에게 제출한다.
– 완제품 제출 후, 사용한 기구 및 작업대와 주변을 깨끗하게 정리 정돈 한다.

제품평가

ⓐ 제품이 둥근 모양으로 대칭을 이루고 찌그러짐이 없어야 한다.
ⓑ 제품이 자연스럽게 터지고 구운 색이 고르게 나야 한다.
ⓒ 껍질이 물렁해서는 안되고, 껍질과 크림이 잘 어울려야 한다.
ⓓ 충전 크림이 일정하게 충전되어야 한다.

시퐁 케이크

Chiffon Cake | 미국의 대표적인 케이크이며,
시퐁은 프랑스의 시퐁(chiffon)에서 온 '비단'을 뜻하는 용어이다.

시험시간 **1시간 40분**   재료계량 **8분**

다음 요구사항대로 시퐁 케이크(시퐁법)를 제조하여 제출하시오.

1. 배합표의 각 재료를 계량하여 재료별로 진열하시오(8분).
   - 재료계량(재료당 1분) → [감독위원 계량확인] → 작품제조 및 정리정돈(전체시험시간-재료계량시간).
   - 재료계량 시간내에 계량을 완료하지 못하여 시간이 초과된 경우 및 계량을 잘못한 경우는 추가의 시간 부여 없이 작품제조 및 정리정돈 시간을 활용하여 요구사항의 무게대로 계량.
   - 달걀의 계량은 감독위원이 지정하는 개수로 계량.
2. 반죽은 **시퐁법**으로 제조하고 비중을 측정하시오.
3. 반죽온도는 **23℃**를 표준으로 하시오.
4. 시퐁팬을 사용하여 반죽을 분할하고 구우시오.
5. 반죽은 전량을 사용하여 성형하시오.

재료명	비율(%)	무게(g)
박력분	100	400
설탕(A)	65	260
설탕(B)	65	260
달걀	150	600
소금	1.5	6
베이킹 파우더	2.5	10
식용유	40	160
물	30	120
계	454	1,816

※배합표상 달걀 무게 합산 표기
 (계량시간 내에는 달걀의 개수로 계량 후 제조 시 달걀흰자, 노른자를 분리하여 별립법으로 제조)

Bakery cooking recipe

— 시퐁법 : 배합표에 따라 재료를 계량한 후, 감독관의 지시에 따라 작업을 실시한다.

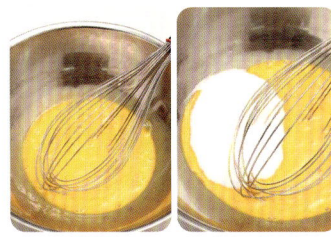
01 노른자, 식용유를 섞은 다음 설탕, 소금을 넣고 섞어주는 정도로 저어준다.

02 체친 가루(박력분+베이킹 파우더)를 넣고 섞는다.

03 물을 천천히 넣으면서 섞는다.
※ 설탕+소금이 용해 될 때까지 섞는다.

04 머랭을 제조하기 전에 팬 안쪽에 물을 충분히 분무한 후 뒤집어 놓는다.

05 믹서 볼에 흰자를 넣고 약 60% 정도 거품을 낸 상태에서 설탕B를 넣은 후, 중간 피크(80~90%)까지 믹싱하여 머랭을 만든다.
※ 중간 피크상태는 끝이 휘는 상태(독수리 발톱 모양)

06 3)반죽에 5)의 머랭을 2~3회로 나누어 넣으면서 나무주걱으로 가볍게 골고루 섞는다.

07 반죽이 완성되면 반죽온도와 비중을 체크한다.
(반죽 온도 : 23℃, 비중 : 0.45±0.05).

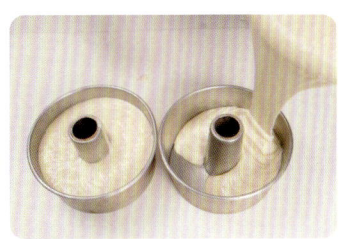

08 8)반죽에 스텐용기 및 짤주머니를 사용하여 팬에 60% 정도 팬닝한다.
※ 팬에 묻은 반죽은 닦아낸다.

09 오븐에 넣어 상180℃/하160℃에서 약 20~25분 정도 구운 후 뒤집어서 냉각시킨 후 제품을 틀에서 빼낸다.

– 완제품을 정리하여 감독관에게 제출한다.
– 완제품 제출 후, 사용한 기구 및 작업대와 주변을 깨끗하게 정리 정돈 한다.

제품평가

ⓐ 제품 분할무게에 대하여 부피가 적정해야 하며, 각각의 제품 부피가 균일해야 한다.
ⓑ 제품이 터지거나 일부 케이크 조각이 떨어지지 않아야 하며, 또한 찌그러짐이 없이 대칭을 이루어야 한다.
ⓒ 밑면의 색깔이 옅으며 부위별 균일한 색상이 나야 한다.
ⓓ 씹는 촉감이 부드러우면서 탄력성이 좋고 맛과 향이 조화를 이루어야 한다.

젤리 롤 케이크

Jelly Roll Cake | 롤 스펀지 케이크로, 룰라드 또는 스위스 롤이라고도 한다.
룰라드란 프랑스어로 달콤한 재료를 채워 말아놓은 케이크를 뜻한다.

 시험시간 **1시간 30분**　재료계량 **8분**

요구사항

다음 요구사항대로 젤리 롤 케이크를 제조하여 제출하시오.

1. 배합표의 각 재료를 계량하여 재료별로 진열하시오(8분).
   - 재료계량(재료당 1분) → [감독위원 계량확인] → 작품제조 및 정리정돈(전체시험시간-재료계량시간).
   - 재료계량 시간내에 계량을 완료하지 못하여 시간이 초과된 경우 및 계량을 잘못한 경우는 추가의 시간 부여 없이 작품제조 및 정리정돈 시간을 활용하여 요구사항의 무게대로 계량.
   - 달걀의 계량은 감독위원이 지정하는 개수로 계량.
2. 반죽은 **공립법**으로 제조하시오.
3. 반죽온도는 **23℃**를 표준으로 하시오.
4. 반죽의 비중을 측정하시오.
5. 제시한 팬에 알맞도록 분할하시오.
6. 반죽은 전량을 사용하여 성형하시오.
7. 캐러멜 색소를 이용하여 무늬를 완성하시오.
   (무늬를 완성하지 않으면 제품 껍질 평가 0점처리)

재료명	비율(%)	무게(g)
박력분	100	400
설탕	130	520
달걀	170	680
소금	2	8
물엿	8	32
베이킹 파우더	0.5	2
우유	20	80
바닐라 향	1	4
계	431.5	1,726
잼	50	200

※충전용 재료는 계량시간에서 제외.

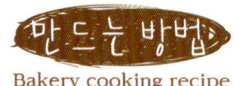 — 공립법 : 배합표에 따라 재료를 계량한 후, 감독관의 지시에 따라 작업을 실시한다.

01 믹싱볼에 달걀을 풀고 설탕, 물엿, 소금을 넣고 중탕한다.
　※ 날씨가 추우면 중탕(37~43℃) 또는 따뜻한 물로
　　믹싱볼을 받쳐준다.

02 고속으로 믹싱하며 일정한 점도를 유지하도록 기포를 형성시킨 후 저속으로 기포를 안정되게 한다.
　※ 설탕, 물엿, 소금은 완전히 용해되고 휘퍼(거품기)자국이
　　남아야 한다.
　※ 기포극대화 → 기포미세화

03 반죽에 체친 가루(박력분, 베이킹 파우더, 바닐라향)을 넣고 나무주걱으로 가볍게 섞은 다음, 마지막으로 우유를 넣고 반죽의 되기를 조절한다.
　※ 반죽에 가루 재료가 풀리지 않아 덩어리가 생기면 제품이
　　주지앉기 쉬우므로 주의를 해야 한다.

04 반죽이 완성되면 반죽 온도와 비중을 체크한다.
　(반죽 온도 : 23℃, 비중 : 0.50±0.05).

05 평 철판에 위생지를 깔고, 팬닝을 한 후 윗면을 제과용 스크레이퍼나 주걱으로 표면을 고르게 편다.
　※ 윗면의 큰 기포를 제거한다.

06 비중컵 안의 반죽과 캐러멜 색소를 섞은 후 짤주머니에 넣어 간격을 맞추어 짜준 다음 젓가락 또는 기구를 사용하여 무늬를 내준다.

07 팬닝이 완료 되면 오븐 상180℃/하140℃에서 약 15~20분 정도 굽는다.
※ 굽는 시간이 초과되면 말 때 표면이 터질 우려가 있다.

08 구운 후, 젖은 면포 또는 기름 종이 위에 제품을 뒤집어 놓고, 물 스프레이하여 위생지를 떼어 낸 다음, 잼을 골고루 얇게 펴 바른다.

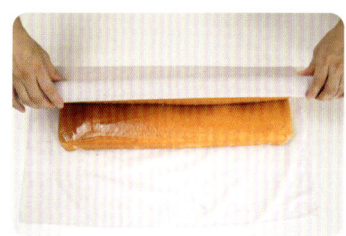
09 긴 밀대를 이용하여 일정한 힘으로 말아준다.

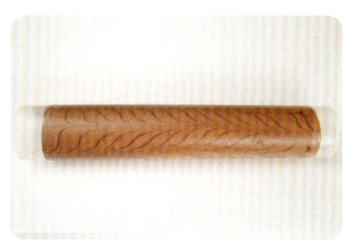
10 좌우 균형이 잡힌 원통형이 되도록 말아준다.

 - 완제품을 정리하여 감독관에게 제출한다.
- 완제품 제출 후, 사용한 기구 및 작업대와 주변을 깨끗하게 정리 정돈 한다.

제품평가

ⓐ 표면은 황갈색으로 무늬가 균일하고 선명해야 하며, 말아 올린 원통형이 대칭이 되어야 한다.
ⓑ 껍질의 색이 균일하고 터짐과 주름이 없어야 한다.
ⓒ 기공과 조직이 부위별로 균일하고, 말린 부분에 벗겨진 껍질부위가 없어야 한다.

초코 머핀(초코 컵 케이크)

Choco Muffin | 컵 케이크의 일종으로, 머핀에 들어가는 부재료의 명칭을 붙여서 부르기도 한다. 머핀은 크게 미국식과 영국식으로 나뉘는데, 미국식은 팽창제를 이용해 만들고, 영국식은 이스트를 이용해서 만든다.

 시험시간 **1시간 50분**  재료계량 **11분**

요구사항

다음 요구사항대로 초코 머핀(초코 컵 케이크)을 제조하여 제출하시오.

1. 배합표의 각 재료를 계량하여 재료별로 진열하시오(11분).
   - 재료계량(재료당 1분) → [감독위원 계량확인] → 작품제조 및 정리 정돈(전체시험시간-재료계량시간).
   - 재료계량 시간내에 계량을 완료하지 못하여 시간이 초과된 경우 및 계량을 잘못한 경우는 추가의 시간 부여 없이 작품제조 및 정리정돈 시간을 활용하여 요구사항의 무게대로 계량.
   - 달걀의 계량은 감독위원이 지정하는 개수로 계량.
2. 반죽은 **크림법**으로 제조하시오.
3. 반죽온도는 **24℃**를 표준으로 하시오.
4. 초코칩은 제품의 내부에 골고루 분포되게 하시오.
5. 반죽 분할은 주어진 팬에 알맞은 양으로 팬닝하시오.
6. 반죽은 전량을 사용하여 성형하시오.

※감독위원은 시험 전 주어진 팬을 감안하여 팬의 개수를 지정하여 공지한다.

재료명	비율 (%)	무게 (g)
박력분	100	500
설탕	60	300
버터	60	300
달걀	60	300
소금	1	5 (4)
베이킹 소다	0.4	2
베이킹 파우더	1.6	8
코코아 파우더	12	60
물	35	175 (174)
탈지 분유	6	30
초코칩	36	180
계	372	1,860 (1,858)

초코 머핀(초코 컵 케이크) **71**

 — 크림법 : 배합표에 따라 재료를 계량한 후, 감독관의 지시에 따라 작업을 실시한다.

01 스텐볼 또는 믹싱볼에 버터를 넣고 부드럽게 풀어준다.

02 1)에 설탕+소금을 넣고 크림상태를 만든다.
※ 거친 크림화 상태

03 2)에 달걀을 조금씩 넣으면서 부드러운 크림을 만든다.

04 3)에 체친 가루(박력분+베이킹 소다+베이킹 파우더+코코아 파우더+분유)를 넣고 주걱으로 섞어준다.

05 4)에 물을 넣고 섞어준다.

06 초코칩을 넣고 균일하게 분포되도록 섞어준다.
(반죽온도 : 24℃)

07 은박컵 또는 머핀컵에 유산지 종이를 깔아준다.

08 짤주머니에 반죽을 넣고 머핀컵에 70% 정도 채운다.

09 오븐에 넣어 상180℃/하160℃에서 약 25~30분 정도 굽는다.

오븐에서 나오면 컵에서 바로 꺼내야 수축되는 것을 방지할 수 있다.

- 완제품을 정리하여 감독관에게 제출한다.
- 완제품 제출 후, 사용한 기구 및 작업대와 주변을 깨끗하게 정리 정돈 한다.

제품평가

ⓐ 제품틀에 부피가 알맞아야 하며 찌그러짐이나 윗면이 평평하면 안된다.

ⓑ 껍질이 두껍지 않고, 표면에 터짐이 적당하게 나와야 한다.

ⓒ 초코칩이 제품에 고르게 분포되어 있어야 한다.

치즈 케이크

Cheese Cake | 치즈케이크는 수플레 치즈케이크와 레어 치즈케이크가 있다.
시험품목은 수플레 치즈케이크에 해당되는데 수플레(souffle)는 '부풀리다'는 뜻이다.

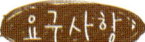

다음 요구사항대로 치즈 케이크를 제조하여 제출하시오.

1. 배합표의 각 재료를 계량하여 재료별로 진열하시오(9분).
   - 재료계량(재료당 1분) → [감독위원 계량확인] → 작품제조 및 정리정돈(전체시험시간−재료계량시간).
   - 재료계량 시간내에 계량을 완료하지 못하여 시간이 초과된 경우 및 계량을 잘못한 경우는 추가의 시간 부여 없이 작품제조 및 정리정돈 시간을 활용하여 요구사항의 무게대로 계량.
   - 달걀의 계량은 감독위원이 지정하는 개수로 계량.
2. 반죽은 **별립법**으로 제조하시오.
3. 반죽 온도는 **20℃**를 표준으로 하시오.
4. 반죽의 비중을 측정하시오.
5. 제시한 팬에 알맞도록 분할하시오.
6. 굽기는 중탕으로 하시오.
7. 반죽은 전량을 사용하시오.

※감독위원은 시험 전 주어진 팬을 감안하여 팬의 개수를 지정하여 공지한다.

재료명	비율 (%)	무게 (g)
중력분	100	80
버터	100	80
설탕(A)	100	80
설탕(B)	100	80
달걀	300	240
크림치즈	500	400
우유	162.5	130
럼주	12.5	10
레몬주스	25	20
계	1,400	1,120

※배합표상 달걀 무게 합산 표기
 (계량시간 내에는 달걀의 개수로 계량 후 제조 시 달걀흰자, 노른자를 분리하여 별립법으로 제조)

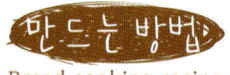 **- 수플레 치즈케이크** : 머랭을 이용한 반죽을 중탕으로 익힌다.

01 버터를 녹여 틀에 골고루 바른 후, 설탕으로 피복하여 준비한다.

02 부드럽게 만든 크림치즈와 버터를 섞어준다.

03 크림치즈와 버터를 중탕하여 부드러운 크림상태를 만든다.
크림 상태의 크림치즈와 버터에 설탕을 넣고 섞어준다.

04 설탕을 넣은 반죽에 노른자를 넣고 섞는다.
(노른자를 섞은 후 설탕을 확실히 녹여준다.)
노른자를 넣은 반죽에 채 친 가루재료를 넣고 거품기 또는 고무주걱으로 섞는다.

05 가루재료를 섞은 반죽에 우유, 럼주, 레몬즙을 차례로 넣고 섞는다.

06 거품기를 이용하여 90% 젖은 피크의 머랭을 만든다.
머랭의 1/2을 고무주걱으로 부드럽게 섞은 후, 나머지 머랭을 고무주걱으로 부드럽게 섞어 완성한다.

07 짤 주머니를 이용하여 반죽을 틀에 팬닝 한다.

08 높은 철판에 팬닝한 틀을 넣은 후, 철판에 70%를 물로 채워 윗불 160℃, 아랫불 150℃로 50분간 굽는다.

09 굽기가 완료되면 깨끗한 장갑 또는 손을 이용하여 틀에서 분리 한다.

 － 완제품을 정리하여 감독관에게 제출한다.
　－ 완제품 제출 후, 사용한 기구 및 작업대와 주변을 깨끗하게 정리 정돈 한다.

제품평가

ⓐ 제품틀에 부피가 알맞아야 하며 찌그러짐이나 윗면이 평평해야 한다.

ⓑ 윗면의 색이 고르게 나야 한다.

ⓒ 기공과 조직이 제품전체에 균일해야 한다.

타르트

Tart | 매우 간단한 패스트리 크러스트로 가운데 과일 등을 채워 넣은 과자로, 고기나 치즈를 채워 넣기도 하며 전채나 디저트로 사용된다.

 시험시간 **2시간 20분**  재료계량 **5분**

요구사항

다음 요구사항대로 타르트를 제조하여 제출하시오.

1. 배합표의 반죽용 재료를 계량하여 재료별로 진열하시오(5분).
   (토핑 등의 재료는 휴지시간을 활용하시오.)
   - 재료계량(재료당 1분) → [감독위원 계량확인] → 작품제조 및 정리정돈(전체시험시간-재료계량시간).
   - 재료계량 시간내에 계량을 완료하지 못하여 시간이 초과된 경우 및 계량을 잘못한 경우는 추가의 시간 부여 없이 작품제조 및 정리정돈 시간을 활용하여 요구사항의 무게대로 계량.
   - 달걀의 계량은 감독위원이 지정하는 개수로 계량.
2. 반죽은 **크림법**으로 제조하시오.
3. 반죽온도는 **20℃**를 표준으로 하시오.
4. 반죽은 냉장고에서 20~30분 정도 휴지를 주시오.
5. 반죽은 두께 3mm정도 밀어펴서 팬에 맞게 성형하시오.
6. 아몬드크림을 제조해서 팬(Ø10~12cm) 용적의 60~70% 정도 충전하시오.
7. 아몬드 슬라이스를 윗면에 고르게 장식하시오.
8. 8개를 성형하시오.
9. 광택제로 제품을 완성하시오.

· 배합표 (반죽)

재료명	비율 (%)	무게 (g)
박력분	100	400
달걀	25	100
설탕	26	104
버터	40	160
소금	0.5	2
계	191.5	766

· 충전물

재료명	비율 (%)	무게 (g)
아몬드 분말	100	250
설탕	90	226
버터	100	250
달걀	65	162
브랜디	12	30
계	367	918

※충전용 재료는 계량시간에서 제외.

· 광택제 및 토핑

재료명	비율 (%)	무게 (g)
에프리코트혼당	100	150
물	40	60
계	140	210
아몬드 슬라이스	66.6	100

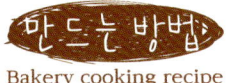 － 크림법 : 배합표에 따라 재료를 계량한 후, 감독관의 지시에 따라 작업을 실시한다.

01 스텐볼에 버터를 넣고 거품기를 사용하여 부드럽게 풀어 준다.

02 1)에 설탕+소금을 넣고 크림 상태를 만든다.

03 2)에 달걀을 조금씩 넣으면서 부드러운 크림을 만든다.

04 3)에 체친 가루를 넣고 주걱으로 골고루 섞어준다.
(반죽온도 : 20℃)

05 반죽을 한덩어리로 만들어 비닐로 싼 후 20~30분간 냉장 휴지를 시킨다.

06 충전물(아몬드 크림) 만들기
(크림법)
※ 버터→설탕→달걀 순으로 넣으면서 크림화 한 다음, 아몬드 분말, 브랜디를 넣어서 섞는다.

07 휴지 반죽을 두께 3mm정도 밀어펴서 팬에 맞게 깔아준 다음 윗면을 정리한다.
※ 포크로 구멍을 뚫어준다.

08 충전물(아몬드 크림)을 60~70% 채운다.

09 윗면에 아몬드 슬라이스를 고르게 장식한다.

10 오븐에 넣어 상180℃/하190℃에서 약 25~30분 정도 굽는다.

11 살구잼+물을 끓여서 제품 윗면에 발라준다.

- 완제품을 정리하여 감독관에게 제출한다.
- 완제품 제출 후, 사용한 기구 및 작업대와 주변을 깨끗하게 정리 정돈 한다.

제품평가

ⓐ 제품의 두께가 너무 두껍거나 설익은 맛이 나서는 안된다.
ⓑ 타르트 반죽과 충전물 비율이 적합해야 한다.
ⓒ 아몬드 크림과 조화를 잘 이루고 바삭한 맛을 나타내어야 한다.
ⓓ 제품은 황갈색을 나타내어야 한다.

파운드 케이크

Pound Cake | 버터, 설탕, 달걀, 밀가루를 1파운드씩 섞어서 만든 반죽을 틀에 채워 구운 버터 케이크.

시험시간 **2시간 30분**   재료계량 **9분**

요구사항

다음 요구사항대로 파운드 케이크를 제조하여 제출하시오.

1. 배합표의 각 재료를 계량하여 재료별로 진열하시오(9분).
   - 재료계량(재료당 1분) → [감독위원 계량확인] → 작품제조 및 정리정돈(전체시험시간−재료계량시간).
   - 재료계량 시간내에 계량을 완료하지 못하여 시간이 초과된 경우 및 계량을 잘못한 경우는 추가의 시간 부여 없이 작품제조 및 정리정돈 시간을 활용하여 요구사항의 무게대로 계량.
   - 달걀의 계량은 감독위원이 지정하는 개수로 계량.
2. 반죽은 **크림법**으로 제조하시오.
3. 반죽온도는 **23℃**를 표준으로 하시오.
4. 반죽의 비중을 측정하시오.
5. 윗면을 터뜨리는 제품을 만드시오.
6. 반죽은 전량을 사용하여 성형하시오.

재료명	비율(%)	무게(g)
박력분	100	800
설탕	80	640
버터	80	640
유화제	2	16
소금	1	8
탈지분유	2	16
바닐라 향	0.5	4
베이킹 파우더	2	16
달걀	80	640
계	347.5	2,780

 — 크림법 : 배합표에 따라 재료를 계량한 후, 감독관의 지시에 따라 작업을 실시한다.

01 믹싱볼에 버터를 넣고 부드러운 크림상태로 만든다.
(매끄럽고 윤기있는 상태)

02 버터를 부드럽게 풀어준 다음 설탕, 유화제, 소금을 넣고 믹싱한다.
(거친 크림화 상태)

03 달걀을 한 두개씩 5~6회에 나누어 넣으면서 크림이 분리되지 않도록 부드러운 크림 상태로 믹싱한다.
(달걀 투입 후, 스크래핑 해준다.)
※ 달걀을 첨가할 경우 크림이 분리되지 않도록 달걀 양과 투입 속도를 조절하면서 투입해야 한다.

04 체친 가루(박력분, 분유, 베이킹 파우더, 탈지 분유)를 넣고 저속 → 중속(2단)으로 믹싱한다.
※ 수작업시 - 나무주걱을 사용하여 덩어리지지 않게 잘 섞어준다.

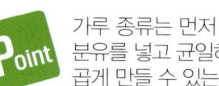 가루 종류는 먼저 밀가루를 계량한 용기에 베이킹 파우더, 탈지 분유를 넣고 균일하게 섞은 다음 전처리(체질)를 해야 제품 표면을 곱게 만들 수 있는 방법이다.

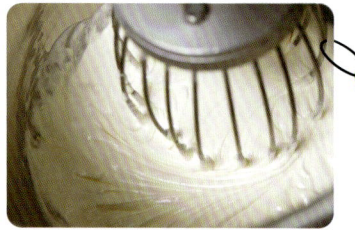

05 중속으로 믹싱하여 부드러운 크림상태로 만든다.

반죽의 표면에 물기가 없어질 때까지 골고루 섞는다.

06 반죽이 완성되면 반죽 온도와 비중을 체크한다.
(반죽 온도 : 23℃, 비중 : 0.80±0.05).

07 파운드틀에 위생지를 재단하여 깔고, 반죽을 70% 정도 팬닝 후, 고무주걱으로 윗면을 평평하게 고른다.
※ 가운데부분을 약간 낮게 고른다.

08 처음에는 상200℃/하170℃에서 약 15분간 구운 후 윗면에 갈색이 들면 양쪽 1cm정도 남겨 놓고, 스패튤러를 사용하여 중앙을 갈라준다.

09 중앙을 가른 후, 뚜껑을 사용하지 않을 경우에는 상150℃/하170℃에서 약 25~30분 정도 굽기를 하여 제품의 익은 상태를 확인한다.(총 40~45분간 굽는다.)
※ 뚜껑을 덮을 경우 상170℃/하170℃에서 약 25~30분간 굽기를 한다.

 뚜껑을 덮는 이유는 껍질색이 너무 진하지 않고, 표피를 얇게 하기 위함이다.

- 완제품을 정리하여 감독관에게 제출한다.
- 완제품 제출 후, 사용한 기구 및 작업대와 주변을 깨끗하게 정리 정돈 한다.

제품평가

ⓐ 윗면 터뜨린 중앙부분이 조금 솟아올라야 하며, 대칭을 이루어야 한다.

ⓑ 제품의 껍질은 두껍지 않고, 표면에 반점이나 공기 방울의 자국이 없어야 한다.

ⓒ 더트린 윗면이 일정하게 더트려져야 한다.

ⓓ 구운 색이 황갈색으로 일정해야 한다.

호두 파이

Wallnut Pie | 피칸을 사용한 피칸 파이가 대중적인 제품으로 피칸 대신 호두를 사용한 타르트이다.

시험시간 **2시간 30분**   재료계량 **7분**

다음 요구사항대로 호두 파이를 제조하여 제출하시오.

1. 껍질 재료를 계량하여 재료별로 진열하시오(7분).
    - 재료계량(재료당 1분) → [감독위원 계량확인] → 작품제조 및 정리정돈(전체시험시간-재료계량시간).
    - 재료계량 시간내에 계량을 완료하지 못하여 시간이 초과된 경우 및 계량을 잘못한 경우는 추가의 시간 부여 없이 작품제조 및 정리정돈 시간을 활용하여 요구사항의 무게대로 계량.
    - 달걀의 계량은 감독위원이 지정하는 개수로 계량.
2. 껍질에 결이 있는 제품으로 손반죽으로 제조하시오.
3. 껍질 휴지는 냉장온도에서 실시하시오.
4. 충전물은 개인별로 각자 제조하시오(호두는 구워서 사용).
5. 구운 후 충전물의 층이 선명하도록 제조하시오.
6. 제시한 팬 7개에 맞는 껍질을 제조하시오(팬 크기가 다를 경우 크기에 따라 가감).
7. 반죽은 전량을 사용하여 성형하시오.

· **껍질**

재료명	비율(%)	무게(g)
중력분	100	400
노른자	10	40
소금	1.5	6
설탕	3	12
생크림	12	48
버터	40	160
물	25	100
계	191.5	766

· **충전물 (계량시간에서 제외)**

재료명	비율(%)	무게(g)
호두	100	250
설탕	100	250
물엿	100	250
계피가루	1	2.5 (2)
물	40	100
달걀	240	600
계	581	1,452.5 (1,452)

 — 달걀과 호두를 이용한 충전물을 제조하고 껍질에 결이 있는 제품으로 제조하시오.

01 생크림, 물, 소금, 설탕을 섞은 후, 노른자를 넣고 풀어준다.
(거품이 많이 나지 않도록 한다.)

02 채친 밀가루에 쇼트닝을 넣어 쇼트닝이 다 섞이지 않도록 잘게 자르면서 섞는다.
(스트레퍼로 조각내듯이 섞어도 된다.)

03 밀가루가 피복된 쇼트닝에 액체 재료를 넣어준다.
(밀가루가 보이지 않도록 섞어준다.)

04 비닐에 반죽을 담아 얇게 펴 냉장 휴지 한다.

05 물에 설탕을 넣고 저어준 후 계피를 섞어 중탕하여 설탕을 완전히 녹여준다.
(너무 뜨겁게 중탕하지 않도록 한다.)

06 계란을 거품이 나지 않도록 확실히 풀어준 후, 풀어준 계란에 물, 설탕, 계피분말을 녹인 시럽을 조금씩 넣으면서 혼합한다.
(거품이 나지 않도록 주의하고, 달걀이 익지 않게 한다.)

07 다 섞인 충전물을 체에 걸러준 후 식혀준다.
(종이나 비닐을 덮어서 거품을 제거한다.)

08 냉장 휴지를 확인 하여 손으로 눌렀을 때 자국이 남아 있으면 휴지가 완료 된다.
휴지가 완료된 반죽을 부드럽게 치대어 일정한 무게로 반죽을 분할한다.
분할한 반죽을 틀에 크기에 맞도록 밀어준다.

09 반죽을 틀에 넣어 손가락을 이용하여 누른 후, 윗면에 나와 있는 반죽을 스크레퍼로 제거 한다.
손가락을 이용하여 윗면에 모양을 내어준다.

10 껍질을 덮은 틀 위에 호두를 넣어준다.
호두를 넣은 껍질에 충전물을 채워준 후, 30~40분간 구워준다.
(윗불 170℃ , 아랫불 160℃)

 - 완제품을 정리하여 감독관에게 제출한다.
　- 완제품 제출 후, 사용한 기구 및 작업대와 주변을 깨끗하게 정리 정돈 한다.

제품평가

ⓐ 껍질에 결이 있어야 한다.
ⓑ 구운 제품의 바닥면에 색이 나야 한다.
ⓒ 제품 표면이 평평하고 갈라짐이 없어야 한다.
ⓓ 껍질의 두께가 너무 두껍거나 얇으면 안된다.
ⓔ 껍질의 높이와 충전물의 비율이 적합해야 한다.

초코 롤

Chocolate roll cake | 코코아 파우더를 사용하여 만든 시트에 가나슈를 샌드한 것으로 초콜릿 향이 풍부한 롤 케이크이다.

 시험시간 **1시간 50분**    재료계량 **7분**

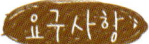

다음 요구사항대로 초코 롤을 제조하여 제출하시오.

1. 배합표의 각 재료를 계량하여 재료별로 진열하시오(7분).
   - 재료계량(재료당 1분) → [감독위원 계량확인] → 작품제조 및 정리정돈(전체시험시간−재료계량시간).
   - 재료계량 시간내에 계량을 완료하지 못하여 시간이 초과된 경우 및 계량을 잘못한 경우는 추가의 시간 부여 없이 작품제조 및 정리정돈 시간을 활용하여 요구사항의 무게대로 계량.
   - 달걀의 계량은 감독위원이 지정하는 개수로 계량.
2. 반죽은 공립법으로 제조하시오.
3. 반죽온도는 24℃를 표준으로 하시오.
4. 반죽의 비중을 측정하시오.
5. 제시한 철판에 알맞도록 패닝하시오.
6. 반죽은 전량을 사용하시오.
7. 충전용 재료는 가나슈를 만들어 제품에 전량 사용하시오.
8. 시트를 구운 윗면에 가나슈를 바르고, 원형이 잘 유지되도록 말아 제품을 완성하시오. (반대 방향으로 롤을 말면 성형 및 제품 평가 해당항목 감점)

재료명	비율(%)	무게(g)
박력분	100	168
달걀	285	480
설탕	128	216
코코아파우더	21	36
베이킹소다	1	2
물	7	12
우유	17	30
계	559	944
다크커버츄어	119	200
생크림	119	200
럼	12	20

※ 충전용 재료는 계량시간에서 제외.

 ─ 배합표에 따라 재료를 계량한 후, 감독관의 지시에 따라 작업을 실시한다.

01 달걀을 풀어준 뒤 설탕을 넣고 중탕으로 가온한다(43℃) 믹서기에서 고속으로 휘핑한다.

02 하얀 미색이 되고 거품기 자국이 남으며 반죽을 떨어뜨릴 때 잔상이 남으면 중속에서 1분 휘핑 후 믹싱을 종료한다.

03 체친 가루(박력분, 코코아 가루, 베이킹소다)를 넣고 주걱으로 가볍게 섞어준다.
데운 우유와 물을 넣고 가볍게 섞어주고 온도와 비중을 체크한다.
(온도 24±1℃/비중 0.4)

04 제시된 철판에 패닝 후 평탄 작업을 해준다.

05 200℃/150℃에서 12±2분간 구워준다.

06 다크커버춰 초콜릿 200g을 잘게 다진다.

07 생크림 180~200g을 끓여 초콜릿에 부어준다.
럼주 20g을 넣고 냉각한다.
※ 걸쭉한 정도로 냉각한다.

08 냉각된 초코롤에 냉각된 가나슈를 일정하게 펼쳐 바른다.

09 면포와 밀대를 이용하여 일정한 두께로 말아 준다.

10 말린 제품을 제출한다.

- 완제품을 정리하여 감독관에게 제출한다.
- 완제품 제출 후, 사용한 기구 및 작업대와 주변을 깨끗하게 정리 정돈 한다.

제품평가

ⓐ 말아 올린 원통형이 대칭이 되어야 한다.

ⓑ 껍질 색은 균일해야 하며, 껍질은 터짐과 주름이 없어야 한다.

ⓒ 제품의 기공이 균일하고 샌드한 가나슈양이 균일해야 한다.

흑미 롤 케이크 (공립법)

Black rice flour roll cake | 흑미쌀가루를 첨가하여 만든 것으로 일반 쌀가루를 이용한 케이크보다 칼슘 함량이 높다.

 시험시간 **1시간 50분**　　 재료계량 **7분**

다음 요구사항대로 흑미 롤 케이크(공립법)를 제조하여 제출하시오.

1. 배합표의 각 재료를 계량하여 재료별로 진열하시오(7분).
   - 재료계량(재료당 1분) → [감독위원 계량확인] → 작품제조 및 정리 정돈(전체시험시간-재료계량시간).
   - 재료계량 시간내에 계량을 완료하지 못하여 시간이 초과된 경우 및 계량을 잘못한 경우는 추가의 시간 부여 없이 작품제조 및 정리정돈 시간을 활용하여 요구사항의 무게대로 계량.
   - 달걀의 계량은 감독위원이 지정하는 개수로 계량.
2. 반죽은 공립법으로 제조하시오.
3. 반죽온도는 25℃를 표준으로 하시오.
4. 반죽의 비중을 측정하시오.
5. 제시한 팬에 알맞도록 분할하시오.
6. 반죽은 전량을 사용하여 성형하시오.
   (시트의 밑면이 윗면이 되게 정형하시오.)

재료명	비율(%)	무게(g)
박력쌀 가루	80	240
흑미쌀 가루	20	60
설탕	100	300
달걀	155	465
소금	0.8	2.4 (2)
베이킹파우더	0.8	2.4 (2)
우유	60	180
계	416.6	1,249.8 (1,249)
생크림	60	150

※ 충전용 재료는 계량시간에서 제외

Bread cooking recipe

— 배합표에 따라 재료를 계량한 후, 감독관의 지시에 따라 작업을 실시한다.

01 믹싱볼에 달걀을 풀어준 뒤 설탕과 소금을 넣고 중탕한다. (43℃ 까지)

02 믹서기에서 고속으로 휘핑한다.

03 하얀 미색이 되고 거품기 자국이 남으면 중속으로 1분을 더 돌려 주고 믹싱을 종료 한다.

04 체친 가루(쌀가루, 흑미 쌀가루, 베이킹파우더)를 넣어 주고 주걱으로 가볍게 섞어준다.

05 우유를 넣고 가볍게 섞어주고 온도와 비중을 측정한다. (온도 25±1℃/비중 0.4±0.05)

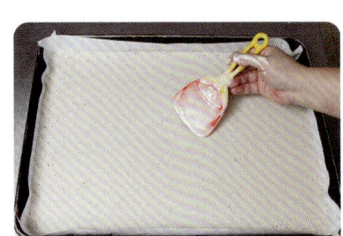
06 제시된 철판에 패닝하여 평탄작업을 해준다.

07 200℃/150℃에서 12±2분 내외로 구워준다.

08 냉각후 뒤집어서 휘핑된 생크림 150g을 일정하게 펴서 발라준다.

09 면포와 밀대를 이용하여 말아주기 한다.

10 말기가 완료 되면 제출한다.

- 완제품을 정리하여 감독관에게 제출한다.
- 완제품 제출 후, 사용한 기구 및 작업대와 주변을 깨끗하게 정리 정돈 한다.

제품평가

ⓐ 말아 올린 원통형이 대칭이 되어야 한다.

ⓑ 껍질 색은 균일해야 하며, 껍질은 터짐과 주름이 없어야 한다.

ⓒ 제품의 기공이 균일하고 샌드 크림 양이 균일해야 한다.

[수험자 유의사항]

1) 항목별 배점은 **제조공정 55점, 제품평가 45점**이며, 요구사항 외의 제조방법 및 채점기준은 비공개입니다.
2) 시험시간은 재료 전처리 및 계량시간, 제조, 정리정돈 등 모든 작업과정이 포함된 시간입니다 (감독위원의 계량확인 시간은 시험시간에서 제외).
3) 수험자 인적사항은 검은색 필기구만 사용하여야 합니다. 그 외 연필류, 유색 필기구, 지워지는 펜 등은 사용이 금지됩니다.
4) 시험 전과정 위생수칙을 준수하고 안전사고 예방에 유의합니다.

> - 시작 전 간단한 가벼운 몸 풀기(스트레칭) 운동을 실시한 후 시험을 시작하십시오.
> - 위생복장의 상태 및 개인위생(장신구, 두발·손톱의 청결 상태, 손씻기 등)의 불량 및 정리정돈 미흡 시 위생항목 감점처리 됩니다.

5) 다음 사항은 실격에 해당하여 채점 대상에서 제외됩니다.
   가) 수험자 본인이 수험 도중 시험에 대한 포기 의사를 표현하는 경우
   나) 위생복 상의, 위생복 하의(또는 앞치마), 위생모, 마스크 중 1개라도 착용하지 않은 경우
   다) 시험시간 내에 작품을 제출하지 못한 경우
   라) 수량(미달), 모양을 준수하지 않았을 경우
   - 지정된 수량 초과, 과다 생산의 경우는 총점에서 10점을 감점합니다.
   - 수량은 시험장 팬의 크기 등에 따라 감독위원이 조정하여 지정할 수 있으며, 잔여 반죽은 감독위원의 지시에 따라 별도로 제출하시오. (단, 'ㅇ개 이상'으로 표기된 과제는 제외합니다.)
   - 반죽 제조법(공립법, 별립법, 시퐁법 등)을 준수하지 않은 경우는 제조공정에서 반죽 제조 항목(과제별 배점 5~6점 정도)을 0점 처리하고, 총점에서 10점을 추가 감점합니다.

   마) 상품성이 없을 정도로 타거나 익지 않은 경우
   바) 지급된 재료 이외의 재료를 사용한 경우
   사) 시험 중 시설·장비의 조작 또는 재료의 취급이 미숙하여 위해를 일으킬 것으로 감독위원 전원이 합의하여 판단한 경우

6) 의문 사항이 있으면 감독위원에게 문의하고, 감독위원의 지시에 따릅니다.

Part 02

제빵기능사 20품목

그리시니 _ 100
단과자 빵(소보로 빵) _ 104
단과자 빵(크림 빵) _ 108
단과자 빵(트위스트형) _ 112
단팥 빵(비상 스트레이트법) _ 116
모카 빵 _ 120
밤 식빵 _ 124
버터 롤 _ 128
버터 톱 식빵 _ 132
베이글 _ 136
빵 도넛 _ 140
소시지 빵 _ 144
스위트 롤 _ 148
식빵(비상 스트레이트법) _ 152
쌀 식빵 _ 156
옥수수 식빵 _ 160
우유 식빵 _ 164
풀먼 식빵 _ 168
호밀 빵 _ 172
통밀 빵 _ 176

그리시니

Grissini | 이탈리아 전역에서 볼 수 있는 그리시니는 연필 굵기에 긴 막대 모양으로 수분함량이 적어 딱딱하지만 담백하고 짭잘한 맛을 가지고 있는 빵이다. 각종 곡물이나 향신료를 넣어 만든 건강식으로 메인 요리가 나오기 전에 와인과 함께 가볍게 먹는 빵이다

시험시간 **2시간 30분**   재료계량 **8분**

요구사항

다음 요구사항대로 그리시니를 제조하여 제출하시오.

1. 배합표의 각 재료를 계량하여 재료별로 진열하시오(8분).
   - 재료계량(재료당 1분) → [감독위원 계량확인] → 작품제조 및 정리정돈(전체시험시간-재료계량시간).
   - 재료계량 시간내에 계량을 완료하지 못하여 시간이 초과된 경우 및 계량을 잘못한 경우는 추가의 시간 부여 없이 작품제조 및 정리정돈 시간을 활용하여 요구사항의 무게대로 계량.
   - 달걀의 계량은 감독위원이 지정하는 개수로 계량.
2. 전 재료를 동시에 투입하여 믹싱하시오(스트레이트법).
3. 반죽온도는 **27℃**를 표준으로 하시오.
4. 분할 무게는 30g, 길이는 35 ~ 40cm로 하시오.
5. 반죽은 전량을 사용하여 성형하시오.

재료명	비율 (%)	무게 (g)
강력분	100	700
설탕	1	7 (6)
건조 로즈마리	0.14	1 (2)
소금	2	14
이스트	3	21 (22)
버터	12	84
올리브유	2	14
물	62	434
계	182.14	1,275 (1,276)

 — 스트레이트법 : 배합표에 따라 재료를 계량한 후, 감독관의 지시에 따라 작업을 실시한다.

01 믹싱볼에 전 재료를 넣고 믹싱을 한다.

02 반죽을 발전 단계까지 믹싱을 한다.
　※ 반죽 온도 : 27℃

03 믹싱이 완료되면 용기에 반죽을 넣어 표면이 마르지 않게 비닐을 덮어 발효실에 넣는다.

04 온도 27℃, 상대습도 75%, 30분정도 1차 발효를 한다.

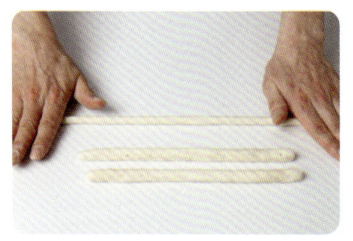

05 분할(30g) 및 중간 발효 후 가성형을 한 뒤 35~40cm 길이가 되도록 긴 막대기 모양으로 밀어준다.
　※ 끝머리가 뾰족하지 않게 한다.
　※ 윗면이 마르지 않게 성형한다.

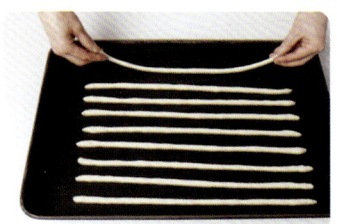

06 길게 늘린 반죽을 일정한 간격으로 평 철판에 팬닝한다.

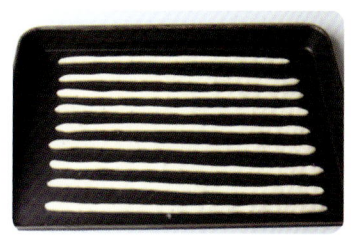

07 반죽 사이의 간격을 2cm로 맞춘 다음 팬닝한다.
  ※ 길이를 일정하게 다시 재정돈한다.
  ※ 동일한 사이즈로 만들기

08 온도 30~33℃, 상대습도 85% 상태에서 약 15분 정도 2차 발효를 시킨다.

09 오븐에 넣고 상200℃/하150℃에서 약 15~20분 정도로 굽는다.

- 완제품을 정리하여 감독관에게 제출한다.
- 완제품 제출 후, 사용한 기구 및 작업대와 주변을 깨끗하게 정리 정돈 한다.

제품평가

ⓐ 제품이 분할 무게에 적합한 부피와 같은 철판에 구운 제품은 크기와 모양이 동일해야 한다.

ⓑ 스틱 모양의 두께가 일정하고 잘록한 부분이 없어야 한다.

ⓒ 전면에 균일하게 약간 황갈색이 나고, 밑면에도 색이 나야 한다.

ⓓ 제품의 조직이 너무 조밀하거나 큰 기공이 없어야 하며, 로즈마리의 향미가 조화를 이루어야 한다.

단과자 빵(소보로 빵)

Sweet Dough Bread (Streusel Bread)

소보로의 어원은 독일어 streusel(슈트로이젤)을 일본에서는 soboro라 하며, 빵 표면에 토핑물을 묻혀서 발효한 뒤 오븐에서 구운 빵이다.

시험시간 **3시간 30분** 재료계량 **9분**

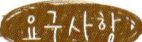

다음 요구사항대로 단과자 빵(소보로 빵)을 제조하여 제출하시오.

1. 빵반죽 재료를 계량하여 재료별로 진열하시오(9분).
   - 재료계량(재료당 1분) → [감독위원 계량확인] → 작품제조 및 정리정돈(전체시험시간-재료계량시간).
   - 재료계량 시간내에 계량을 완료하지 못하여 시간이 초과된 경우 및 계량을 잘못한 경우는 추가의 시간 부여 없이 작품제조 및 정리정돈 시간을 활용하여 요구사항의 무게대로 계량.
   - 달걀의 계량은 감독위원이 지정하는 개수로 계량.
2. 반죽은 **스트레이트법**으로 제조하시오(단, 유지는 클린업 단계에 첨가하시오).
3. 반죽 온도는 **27℃**를 표준으로 하시오.
4. 반죽 1개의 분할 무게는 50g씩, 1개당 소보로 사용량은 약 30g 정도로 제조하시오.
5. 토핑용 소보로는 배합표에 따라 직접 제조하여 사용하시오.
6. 반죽은 24개를 성형하여 제조하고, 남은 반죽과 토핑용 소보로는 감독위원의 지시에 따라 별도로 제출하시오.

· 빵반죽

재료명	비율(%)	무게(g)
강력분	100	900
물	47	423 (422)
이스트	4	36
제빵 개량제	1	9 (8)
소금	2	18
마가린	18	162
탈지분유	2	18
달걀	15	135 (136)
설탕	16	144
계	205	1,845 (1,844)

· 토핑용 소보로

재료명	비율(%)	무게(g)
중력분	100	300
설탕	60	180
마가린	50	150
땅콩 버터	15	45 (46)
달걀	10	30
물엿	10	30
탈지분유	3	9 (10)
베이킹 파우더	2	6
소금	1	3
계	251	753

※충전용, 토핑용 재료는 계량시간에서 제외

 **– 스트레이트법 :** 배합표에 따라 재료를 계량한 후, 감독관의 지시에 따라 작업을 실시한다.

Bread cooking recipe

01 믹싱볼에 가루 재료를 넣고 저속에서 혼합한 다음 액체 재료(물, 달걀)를 넣고 믹싱을 한다.

Point 반죽온도 조절 : 동절기 및 하절기에는 물 온도를 조절하여 반죽온도를 맞추어야 한다.

02 반죽이 한 덩어리로 뭉치면(클린업 단계) 마가린을 넣고 섞이면, 최종 단계까지 믹싱한다.

03 믹싱이 완료되면 용기에 반죽을 넣어 반죽온도를 측정한 다음, 표면이 마르지 않도록 비닐을 덮어 발효실에 넣는다.
  ※ 반죽 온도 : 27℃

04 발효실 온도 27℃, 상대습도 75~80%, 시간 약 40~50분 정도 1차 발효 한다.
  ※ 토핑물(소보로)제조는 1차 발효 때 준비 해 놓는다.

05 **토핑물 제조 – 크림법**
  스텐볼에 마가린, 땅콩버터 → 설탕, 물엿, 소금 → 계란순으로 넣으면서 크림화한다.
  ※ 유지의 크림화가 지나치면 소보로 반죽이 질어지므로 주의를 해야 한다.

06 체친 가루(중력분, 분유, 베이킹파우더)를 넣고 가볍게 섞은 후, 손으로 바실바실하게 비벼 놓는다.

07 1차 발효가 완료되면, 반죽을 50g씩 분할하여 둥글리기 해 놓는다.

08 비닐로 덮어 약 10분 정도 실온에서 중간발효를 시킨다.

09 중간 발효가 완료되면 다시 둥글리기를 하여 밑면을 봉한 뒤 물을 묻힌 후, 미리 준비한 소보로를 30g 정도 묻힌다.

Point 성형 시 주의사항
ⓐ 물 칠을 적당히 하고 모양을 원형에 가깝게 성형을 해야 한다.
ⓑ 소보로가 뭉치지 않도록 골고루 찍어 묻힌다.

10 성형하여 철판에 간격을 맞추어 (3×4) 팬닝하여 발효실 온도 35~40℃, 상대습도 80~85%, 약 30분 정도 2차 발효 한다.
※ 다른 빵에 비해 2차 발효를 적게 한다.
※ 도톰한 소보로가 갈라질 때 2차 발효를 마친다.

11 오븐 상190℃/하140℃에서 약 12~15분 정도 굽는다.

- 완제품을 정리하여 감독관에게 제출한다.
- 완제품 제출 후, 사용한 기구 및 작업대와 주변을 깨끗하게 정리 정돈 한다.

제품평가

ⓐ 제품에 소보로와 빵의 향이 잘 어울려야 한다.
ⓑ 소보로가 균일하게 묻고, 갈색을 띠어야 한다.
ⓒ 부푼 정도가 일정해야 한다.

단과자 빵(크림 빵)

Sweet Dough Bread(Cream Bread)

식빵에 비하여 설탕, 유지, 달걀 등의 배합량이 높은 제품을 단과자 빵이라 하며 달걀, 우유, 버터, 옥수수전분으로 만든 커스터드 크림을 충전한 빵이다

 시험시간 **3시간 30분**　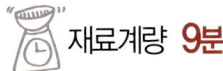 재료계량 **9분**

다음 요구사항대로 단과자 빵(크림 빵)을 제조하여 제출하시오.

1. 배합표의 각 재료를 계량하여 재료별로 진열하시오(9분).
   - 재료계량(재료당 1분) → [감독위원 계량확인] → 작품제조 및 정리정돈(전체시험시간-재료계량시간).
   - 재료계량 시간내에 계량을 완료하지 못하여 시간이 초과된 경우 및 계량을 잘못한 경우는 추가의 시간 부여 없이 작품제조 및 정리정돈 시간을 활용하여 요구사항의 무게대로 계량.
   - 달걀의 계량은 감독위원이 지정하는 개수로 계량.
2. 반죽은 **스트레이트법**으로 제조하시오(단, 유지는 클린업 단계에 첨가하시오).
3. 반죽 온도는 **27℃**를 표준으로 하시오.
4. 반죽 1개의 분할 무게는 45g, 1개당 크림 사용량은 30g으로 제조하시오.
5. 제품 중 12개는 크림을 넣은 후 굽고, 12개는 반달형으로 크림을 충전하지 말고 제조하시오.
6. 남은 반죽은 감독위원의 지시에 따라 별도로 제출하시오.

재료명	비율(%)	무게(g)
강력분	100	800
물	53	424
이스트	4	32
제빵 개량제	2	16
소금	2	16
설탕	16	128
쇼트닝	12	96
분유	2	16
달걀	10	80
계	201	1,608
커스터드 크림	65	360

※충전용, 토핑용 재료는 계량시간에서 제외

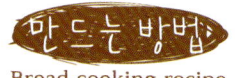 **- 스트레이트법 :** 배합표에 따라 재료를 계량한 후, 감독관의 지시에 따라 작업을 실시한다.

01 믹싱볼에 가루 재료를 넣고 저속에서 혼합한 다음 액체 재료(물, 달걀)를 넣고 믹싱을 한다.

Point 반죽온도 조절 : 동절기 및 하절기에는 물 온도를 조절 하여 반죽온도를 맞추어야 한다.

02 반죽이 한 덩어리로 뭉치면(클린업 단계) 쇼트닝을 넣고 섞이면, 최종 단계까지 믹싱한다.

03 믹싱이 완료되면 용기에 반죽을 넣어 반죽 온도를 측정한 다음 표면이 마르지 않도록 비닐을 덮어 발효실에 넣는다.
※ 반죽 온도 : 27℃

04 발효실 온도 27℃, 상대습도 75~80%, 시간 약 40~50분 정도 1차 발효 한다.
※ 대부분 시험장에서 커스터드 크림이 제공되지만 직접 제조하는 경우도 있다.

 **충전물 커스터드 크림 만들기(발효하는 동안 제조 해 놓는다.)**
1. 스텐볼에 커스터드 분말 300~350g : 물 1000g을 넣는다.
   (제조량은 감독관 지시에 따른다.)
2. 거품기로 빠르게 저어 덩어리지지 않게 잘 섞어 놓는다.

05 1차 발효가 완료되면, 반죽을 45g씩 분할하여 둥글리기 해 놓는다.

06 비닐로 덮어 약 10분~20분 정도 실온에서 중간 발효를 시킨다.

07 밀대를 이용하여 반죽의 가스를 제거하고 반죽을 긴 타원형으로 밀어 편다.

08 〈충전 크림빵〉
크림을 충전하는 반죽은 긴 타원형으로 밀어 크림 30g을 넣고, 물을 칠하여 덮은 후 반죽의 가장자리를 스크레퍼로 모양을 낸다.

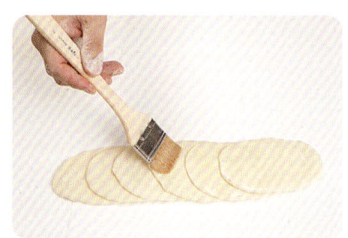

09 〈비충전 크림빵〉
반달형으로 만든 반죽을 타원형으로 밀어 편후 1/2 정도 기름칠을 하여 반달모양으로 접는다.

10 성형하여 철판에 간격을 맞추어 팬닝한 후 계란 물칠을 해준다.
발효실 온도 35~40℃, 상대습도 85%, 약 30분 정도 2차 발효 한다.
※ 팬닝 대각선으로 3×4 팬닝 해준다.

11 오븐 상195℃/하150℃에서 약 10~12분 정도 굽는다.
※ 비충전 크림 빵은 식은 후, 커스터드 크림 30g을 중앙에 충전한다.
(밖으로 충전물이 빠져 나오지 않게 만든다.)

제품평가

ⓐ 제품의 크림이 중앙에 위치하고, 가장자리로 흐르지 않아야 한다.
ⓑ 전체가 균형이 잡히고 대칭을 이루어야 한다.
ⓒ 제품의 크기가 균일하고 크림량이 일정해야 한다.
ⓓ 제품의 표면에 색이 균일하고 반점이 없어야 한다.

단과자 빵(트위스트형)

Sweet Dough Bread (Twist Style)

식빵에 비하여 설탕, 유지, 달걀 등의 배합량이 높은 제품을 단과자 빵이라고 한 단과자 빵 반죽에 모양, 충전물, 토핑의 재료에 따라 명칭이 달라진다.

 시험시간 **3시간 30분** 재료계량 **9분**

다음 요구사항대로 단과자 빵(트위스트형)을 제조하여 제출하시오.

1. 배합표의 각 재료를 계량하여 재료별로 진열하시오(9분).
   - 재료계량(재료당 1분) → [감독위원 계량확인] → 작품제조 및 정리정돈(전체시험시간-재료계량시간).
   - 재료계량 시간내에 계량을 완료하지 못하여 시간이 초과된 경우 및 계량을 잘못한 경우는 추가의 시간 부여 없이 작품제조 및 정리정돈 시간을 활용하여 요구사항의 무게대로 계량.
   - 달걀의 계량은 감독위원이 지정하는 개수로 계량.
2. 반죽은 **스트레이트법**으로 제조하시오(단, 유지는 클린업 단계에 첨가하시오).
3. 반죽 온도는 **27℃**를 표준으로 하시오.
4. 반죽 분할 무게는 50g이 되도록 하시오.
5. 모양은 8자형 12개, 달팽이형 12개로 2가지 모양으로 만드시오.
6. 완제품 24개를 성형하여 제출하고, 남은 반죽은 감독위원의 지시에 따라 별도로 제출하시오.

재료명	비율 (%)	무게 (g)
강력분	100	900
물	47	422
이스트	4	36
제빵 개량제	1	8
소금	2	18
설탕	12	108
쇼트닝	10	90
분유	3	26
달걀	20	180
계	199	1,788

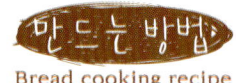 — 스트레이트법 : 배합표에 따라 재료를 계량한 후, 감독관의 지시에 따라 작업을 실시한다.

01 믹싱볼에 가루 재료를 넣고 저속에서 혼합한 다음 액체 재료(물, 달걀)를 넣고 믹싱을 한다.

반죽온도 조절 : 동절기 및 하절기에는 물 온도를 조절하여 반죽온도를 맞추어야 한다.

02 반죽이 한 덩어리로 뭉치면(클린업 단계) 쇼트닝을 넣고 섞이면, 최종 단계까지 믹싱한다.

03 믹싱이 완료되면 용기에 반죽을 넣어 반죽온도를 측정한 다음, 표면이 마르지 않도록 비닐을 덮어 발효실에 넣는다.
※ 반죽 온도 : 27℃

04 발효실 온도 27℃, 상대습도 75~80%, 시간 약 50~60분 정도 1차 발효 한다.
※ 시간보다는 상태로 확인 한다.

05 1차 발효가 완료되면, 반죽을 50g씩 분할하여 둥글리기를 한 후 비닐로 덮어 실온에서 약 10~20분 정도 중간발효 시킨다.
※ 둥글리기하여 원기둥 모양으로 만들어 놓는다.

06 반죽을 길게 늘려 가스를 빼준다.
※ 8자형, 달팽이형을 만든다.
(모양은 감독위원의 지시에 따른다).

07   **8자형** : 반죽을 약 30cm 길이로 늘린 후 8자형으로 꼬아 만든다.

08   **달팽이형** : 반죽 한쪽을 비스듬히 얇게 하여 30~40cm 정도 늘린 후 굵은 쪽을 중심으로 돌려 감는다.

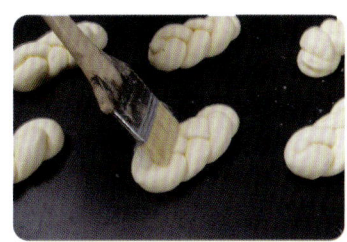

09   성형하여 평 철판에 12개씩(3×4)팬닝하여, 계란 물 칠을 한다.

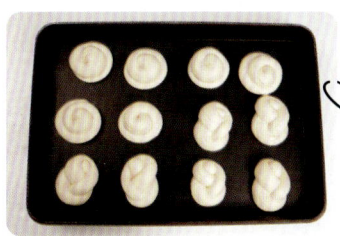

10   발효실 온도 35~40℃, 상대습도 85% 상태에서 약 30~35분 정도 2차 발효를 시킨다.

 꼬아서 만든 제품이므로 성형된 모양이 그대로 남아 있어야 하므로 2차 발효를 많이 하지 않도록 주의를 해야 한다.

11   오븐 상190℃/하145℃에서 약 10~15분 정도 굽는다.
　※ 색이 나기 시작하면 팬을 돌려 색이 균일하게 나도록 굽는다.

 – 완제품을 정리하여 감독관에게 제출한다.
　– 완제품 제출 후, 사용한 기구 및 작업대와 주변을 깨끗하게 정리 정돈 한다.

제품평가

ⓐ 제품의 모양이 균일해야 하며, 찌그러짐이 없이 대칭을 이루어야 한다.
ⓑ 제품의 껍질색이 균일하며, 반점과 줄무늬가 없어야 한다.
ⓒ 모양이 일정하고, 씹는 맛이 부드러워야 한다.

단팥 빵(비상 스트레이트법)

Red Bean Bread(Emergency Dough Method)

팥과 설탕을 갠 앙금을 넣어 만든 빵으로 빵 안에 팥고물이 들어 있는 평평하고 둥근 원형의 빵으로 팥앙금 빵 이라고도 한다.

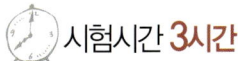 시험시간 **3시간**　　 재료계량 **9분**

다음 요구사항대로 단팥 빵(비상 스트레이트법)을 제조하여 제출하시오.

1. 배합표의 각 재료를 계량하여 재료별로 진열하시오(9분).
    - 재료계량(재료당 1분) → [감독위원 계량확인] → 작품제조 및 정리 정돈(전체시험시간-재료계량시간).
    - 재료계량 시간내에 계량을 완료하지 못하여 시간이 초과된 경우 및 계량을 잘못한 경우는 추가의 시간 부여 없이 작품제조 및 정리정돈 시간을 활용하여 요구사항의 무게대로 계량.
    - 달걀의 계량은 감독위원이 지정하는 개수로 계량.
2. 반죽은 **비상 스트레이트법**으로 제조하시오.
   (단, 유지는 클린업 단계에 첨가하고, 반죽온도는 **30℃**로 한다.)
3. 반죽 1개의 분할 무게는 50g, 팥앙금 무게는 40g으로 제조하시오.
4. 반죽은 24개를 성형하여 제조하고, 남은 반죽은 감독위원의 지시에 따라 별도로 제출하시오.

재료명	비율 (%)	무게 (g)
강력분	100	900
물	48	432
이스트	7	63 (64)
제빵 개량제	1	9 (8)
소금	2	18
설탕	16	144
마가린	12	108
탈지분유	3	27 (28)
달걀	15	135 (136)
계	204	1,836 (1,838)
통팥앙금	–	960

※충전용 재료는 계량시간에서 제외

 — 비상 스트레이트법 : 배합표에 따라 재료를 계량한 후, 감독관의 지시에 따라 작업을 실시한다.

01 믹싱볼에 가루 재료를 넣고 저속에서 혼합한 다음 액체 재료(물, 달걀)를 넣고 믹싱을 한다.

Point 반죽온도 조절 : 동절기 및 하절기에는 물 온도를 조절하여 반죽온도를 맞추어야 한다.

02 반죽이 한 덩어리로 뭉치면(클린업 단계) 마가린을 넣고 섞이면, 최종 단계 후기까지 믹싱한다.

03 믹싱이 완료되면 용기에 반죽을 넣어 반죽온도를 측정한 다음 표면이 마르지 않도록 비닐을 덮어 발효실에 넣는다.
※ 반죽 온도 : 30℃, 탄력성〈신장성

Point 비상스트레이트법의 수조치 사항
ⓐ 물 1% 증가한다.   ⓑ 이스트 사용량을 2배 증가한다.
ⓒ 설탕 1% 감소한다.   ⓓ 반죽온도 30℃로 맞춘다.
ⓔ 반죽시간 25% 증가한다.
ⓕ 1차발효시간 15~30분으로 한다.

04 발효실 온도 30℃, 상대습도 75~80%, 시간 약 15~30분 정도 1차 발효 한다.
※ 충전물(팥앙금)준비-팥앙금을 치대어 놓는다.

05 1차 발효가 완료되면, 반죽을 50g씩 분할하여 둥글리기 해 놓는다.

06 비닐로 덮어 약 15분~20분 정도 실온에서 중간발효를 시킨다.

07 중간발효가 완료되면, 반죽의 가스를 제거한 후 준비된 팥 앙금을 약 40g씩 싸준다.
※ 이때 앙금이 중앙에 위치하고 양이 일정해야 한다.

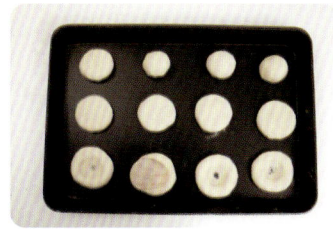
08 밑면을 잘 봉합한 후 철판에 간격을 맞추어 팬닝을 하고 반죽 중앙에 구멍을 낸 다음 계란 물을 칠한다.
※ 성형 모양은 감독관 지시에 따른다.
- 평평한 모양, 구멍 낸 모양

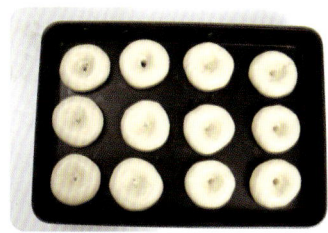
09 발효실 온도 35~40℃, 상대습도 80~85%, 시간 약 30분 정도 2차 발효시킨다.

10 오븐 상190℃/하150℃에서 약 10~12분 정도 굽는다.

 - 완제품을 정리하여 감독관에게 제출한다.
- 완제품 제출 후, 사용한 기구 및 작업대와 주변을 깨끗하게 정리 정돈 한다.

제품평가

ⓐ 제품 전체가 동그란 모양의 균형 잡힌 대칭을 이루고, 표면에 기공과 반점이 없어야 한다.
ⓑ 팥 앙금과 빵의 풍미가 조화를 이루어야 한다.
ⓒ 팥 앙금이 반죽의 중앙에 위치하고 바닥에 비치지 않도록 한다.
ⓓ 제품 중앙의 구멍이 너무 크거나 작아서도 안되며, 또한 중앙부분이 부풀어 오르지 않아야 한다.

모카 빵

Mocha Bread

반죽에 커피를 첨가하고 윗부분에 비스킷을 씌운다.
모카커피를 이용하여 만든 빵으로 커피의 고소한 맛과 비스킷의 단맛을 동시에 느낄수 있다.

시험시간 **3시간 30분** 재료계량 **11분**

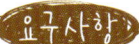

다음 요구사항대로 모카 빵을 제조하여 제출하시오.

1. 배합표의 빵반죽 재료를 계량하여 재료별로 진열하시오(11분).
   - 재료계량(재료당 1분) → [감독위원 계량확인] → 작품제조 및 정리 정돈(전체시험시간-재료계량시간).
   - 재료계량 시간내에 계량을 완료하지 못하여 시간이 초과된 경우 및 계량을 잘못한 경우는 추가의 시간 부여 없이 작품제조 및 정리정돈 시간을 활용하여 요구사항의 무게대로 계량.
   - 달걀의 계량은 감독위원이 지정하는 개수로 계량.
2. 반죽은 **스트레이트법**으로 제조하시오(단, 유지는 클린업 단계에서 첨가하시오).
3. 반죽온도는 **27℃**를 표준으로 하시오.
4. 반죽 1개의 분할 무게는 250g, 1개당 비스킷은 100g씩으로 제조하시오.
5. 제품의 형태는 타원형(럭비공 모양)으로 제조하시오.
6. 토핑용 비스킷은 주어진 배합표에 의거 직접 제조하시오.
7. 완제품 6개를 제출하고 남은 반죽은 감독위원의 지시에 따라 별도로 제출하시오.

· **빵반죽**

재료명	비율(%)	무게(g)
강력분	100	850
물	45	382.5 (382)
이스트	5	42.5 (42)
제빵 개량제	1	8.5 (8)
소금	2	17 (16)
설탕	15	127.5 (128)
버터	12	102
탈지분유	3	25.5 (26)
달걀	10	85 (86)
커피	1.5	12.75 (12)
건포도	15	127.5 (128)
계	209.5	1,780.75 (1,780)

· **토핑용 비스킷**

재료명	비율(%)	무게(g)
박력분	100	350
버터	20	70
설탕	40	140
달걀	24	84
베이킹 파우더	1.5	5.25 (5)
우유	12	42
소금	0.6	2.1 (2)
계	198.1	693.35 (693)

※ 충전용, 토핑용 재료는 계량시간에서 제외

 — 스트레이트법 : 배합표에 따라 재료를 계량한 후, 감독관의 지시에
따라 작업을 실시한다.
※ 건포도 전처리 : 건포도, 물 20g(배합표상의 물)을
스텐볼에 넣고 손으로 주무른다.

01 믹싱볼에 가루 재료를 넣고 저속에서 혼합한 다음 액체 재료(물, 달걀)를 넣고 믹싱을 한다.

Point 반죽온도 조절 : 동절기 및 하절기에는 물 온도를 조절 하여 반죽온도를 맞추어야 한다.

02 반죽이 한 덩어리로 뭉치면(클린업 단계) 버터를 넣고 섞이면, 최종 단계까지 믹싱한다.

03 믹싱이 완료되면 건포도를 넣고 저속으로 섞은 후, 용기에 반죽을 넣어 반죽온도를 측정한 다음, 표면이 마르지 않도록 비닐을 덮어 발효실에 넣는다.
※ 반죽 온도 : 27℃

04 발효실 온도 27℃, 상대습도 75~80%, 시간 약 50~60분 정도 1차 발효 한다.
※ 토핑물 제조는 1차발효 때 준비 해 놓는다.

05 **토핑물 제조 – 크림법**
스텐볼에 버터 → 설탕, 소금 → 달걀순으로 넣으면서 크림화 한다.

06 우유와 체친 가루(박력분, 베이킹 파우더)를 넣고 주걱으로 골고루 섞는다.

07 반죽을 한 덩어리로 뭉쳐 비닐에 싸서 실온이나 냉장고에서 (20~30분) 휴지한다.

08 1차 발효가 완료되면 반죽을 250g씩 분할하여 둥글리기 한 후, 실온에서 약 15~20분 정도 중간 발효를 시킨다.

09 휴지시킨 비스켓 반죽을 100g씩 분할하여 막대 모양으로 만든다.

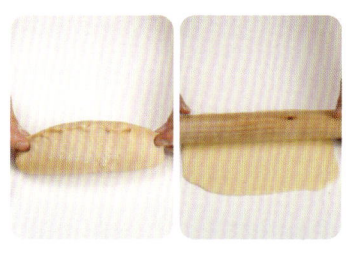
10 밀대를 이용하여 반죽을 밀어 가스를 뺀 후 약 25cm 정도의 타원형 모양으로 성형하여 이음매를 잘 봉한 다음, 성형이 완료되면 밀대를 이용하여 토핑(비스킷)물을 두께가 0.4cm 정도의 타원형이 되도록 균일하게 밀어 물을 칠한 후, 반죽을 감싸준다.
(토핑을 밀어 펼 때 비닐을 사용한다.)

11 철판에 팬닝 후, 발효실 온도 35~40℃, 상대습도 85% 상태에서 30~40분 정도 2차 발효를 시킨 다음, 2차 발효가 완료되면, 오븐 상190℃/하150℃에서 약 30분 정도 굽는다.
※ 2차발효 완료점 – 비스켓이 구멍이 숭숭 생기면 끝낸다.

- 완제품을 정리하여 감독관에게 제출한다.
- 완제품 제출 후, 사용한 기구 및 작업대와 주변을 깨끗하게 정리 정돈 한다.

제품평가

ⓐ 제품의 속까지 잘 익어야 하며, 표면의 갈라짐이 균일해야 한다.
ⓑ 제품의 모양이 좌우 대칭을 이루고 찌그러짐이 없어야 한다.
ⓒ 토핑(비스킷)물의 두께가 균일해야 하며, 옆면에 터짐이 생겨서는 안된다.
ⓓ 제품의 표면은 다갈색을 띠고, 커피맛이 잘 조화를 이루어야 한다.

밤 식빵

Chestnut Pan Bread | 바삭바삭한 토핑과 쫄깃한 빵 사이의 밤이 골고루 어우러져 식감이 부드러운 식빵이다.

 시험시간 **3시간 40분**  재료계량 **10분**

다음 요구사항대로 밤 식빵을 제조하여 제출하시오.

1. 반죽 재료를 계량하여 재료별로 진열하시오(10분).
   - 재료계량(재료당 1분) → [감독위원 계량확인] → 작품제조 및 정리정돈(전체시험시간–재료계량시간).
   - 재료계량 시간내에 계량을 완료하지 못하여 시간이 초과된 경우 및 계량을 잘못한 경우는 추가의 시간 부여 없이 작품제조 및 정리정돈 시간을 활용하여 요구사항의 무게대로 계량.
   - 달걀의 계량은 감독위원이 지정하는 개수로 계량.
2. 반죽은 **스트레이트법**으로 제조하시오.
3. 반죽온도는 **27℃**를 표준으로 하시오.
4. 분할 무게는 450g으로 하고, 성형시 450g의 반죽에 80g의 통조림 밤을 넣고 정형하시오(한덩이 : one loaf).
5. 토핑물을 제조하여 굽기 전에 토핑하고 아몬드를 뿌리시오.
6. 반죽은 전량을 사용하여 성형하시오.

· 반죽

재료명	비율 (%)	무게 (g)
강력분	80	960
중력분	20	240
물	52	624
이스트	4.5	54
제빵 개량제	1	12
소금	2	24
설탕	12	144
버터	8	96
탈지분유	3	36
달걀	10	120
계	192.5	2,310

· 토핑

재료명	비율 (%)	무게 (g)
마가린	100	100
설탕	60	60
베이킹 파우더	2	2
달걀	60	60
중력분	100	100
아몬드 슬라이스	50	50
계	372	372
밤다이스 (시럽제외)	35	420

※충전용, 토핑용 재료는 계량시간에서 제외

 — 스트레이트법 : 배합표에 따라 재료를 계량한 후, 감독관의 지시에 따라 작업을 실시한다.

01 믹싱볼에 가루 재료를 넣고 저속에서 혼합한 다음 액체 재료(물, 달걀)를 넣고 믹싱을 한다.

 **반죽온도 조절** : 동절기 및 하절기에는 물 온도를 조절하여 반죽온도를 맞추어야 한다.

02 반죽이 한 덩어리로 뭉치면(클린업 단계) 버터를 넣고 섞이면, 최종 단계까지 믹싱한다.

03 믹싱이 완료되면 가스빼기를 한 후, 용기에 반죽을 넣어 반죽온도를 측정한 다음, 표면이 마르지 않도록 비닐을 덮어 발효실에 넣는다.
※ 반죽 온도 : 27℃

04 발효실 온도 27℃, 상대습도 75~80%에서 약 40~50분 정도 1차 발효한다.

05 **토핑물제조-크림법**
1) 스텐볼에 마가린 → 설탕 → 계란 순으로 넣으면서 크림화한다.
2) 체친 가루(중력분, 베이킹 파우더)를 넣고 주걱으로 골고루 잘 섞는다.
※ 토핑물 제조는 1차발효 때 준비 해 놓는다.

06 1차 발효가 완료되면 450g씩 분할하여 둥글리기 해 놓는다.

둥글리기 목적
ⓐ 글루텐 구조를 재정리한다.
ⓑ 가스를 균일하게 분산하여 내상을 균일하게 한다.
ⓒ 끈적거림을 방지하여 정형을 용이하게 한다.
ⓓ 중간발효 중에 생성된 가스를 보유할 수 있는 반죽구조를 형성한다.

07 반죽을 비닐로 덮어 약 15~20분 정도 실온에서 중간 발효한다.

08 반죽의 기포를 손으로 제거한 후, 밀대를 이용하여 반죽의 가스를 제거하고 타원형 모양으로 밀어 편다.

09 타원형으로 밀어 편 후, 그 위에 80g 정도의 밤을 골고루 뿌리고 둥글게 말아서 이음매를 잘 봉한 다음, 식빵 틀에 이음매가 밑(아래)으로 향하게 넣는다.
※ 밤으로 인해 반죽이 상처가 안 나게 한다.

10 발효실 온도 35~40℃, 상대습도 85% 상태에서 약 40~50분 정도 2차 발효를 시킨다.
※ 2차 발효의 종점은 식빵 틀 높이의 약 1cm 정도 낮은 것이 최적의 상태이다. 발효 후, 1차 발효시간에 만든 토핑용 반죽을 평평한 모양깍지를 짤주머니에 끼워 반죽 표면에 일정량을 짠 후 아몬드 슬라이스를 골고루 뿌려준다.

11 오븐에 넣고 상170℃/하190℃에서 약 40분 정도 굽는다.

- 완제품을 정리하여 감독관에게 제출한다.
- 완제품 제출 후, 사용한 기구 및 작업대와 주변을 깨끗하게 정리 정돈 한다.

제품평가

ⓐ 제품 전체가 균일하게 익고, 토핑 색상이 밝은 황색이 되어야 한다.
ⓑ 토핑물의 두께가 균일하고 제품에 함몰 부분과 찌그러짐이 없이 대칭을 이루어야 한다.
ⓒ 밤의 분포가 균일하고 빵, 밤, 토핑의 맛과 발효향이 조화를 이루어야 한다.

버터 롤

Butter Roll | 버터가 15%이며 버터의 맛이 살아 있어 부드러우며 흔히 아침 식사용으로 사용하는 식탁용 소형 빵이다.

시험시간 **3시간 30분**　　재료계량 **9분**

요구사항

다음 요구사항대로 버터 롤을 제조하여 제출하시오.

1. 배합표의 각 재료를 계량하여 재료별로 진열하시오(9분).
   - 재료계량(재료당 1분) → [감독위원 계량확인] → 작품제조 및 정리정돈(전체시험시간−재료계량시간).
   - 재료계량 시간내에 계량을 완료하지 못하여 시간이 초과된 경우 및 계량을 잘못한 경우는 추가의 시간 부여 없이 작품제조 및 정리정돈 시간을 활용하여 요구사항의 무게대로 계량.
   - 달걀의 계량은 감독위원이 지정하는 개수로 계량.
2. 반죽은 **스트레이트법**으로 제조하시오(단, 유지는 클린업 단계에 첨가하시오).
3. 반죽온도는 **27°C**를 표준으로 하시오.
4. 반죽 1개의 분할 무게는 50g으로 제조하시오.
5. 제품의 형태는 번데기 모양으로 제조하시오.
6. 24개를 성형하고, 남은 반죽은 감독위원의 지시에 따라 별도로 제출하시오.

재료명	비율 (%)	무게 (g)
강력분	100	900
설탕	10	90
소금	2	18
버터	15	135 (134)
탈지분유	3	27 (26)
달걀	8	72
이스트	4	36
제빵 개량제	1	9 (8)
물	53	477 (476)
계	196	1,764

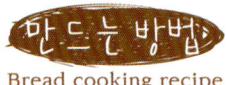 — 스트레이트법 : 배합표에 따라 재료를 계량한 후, 감독관의 지시에 따라 작업을 실시한다.

01 믹싱볼에 가루 재료를 넣고 저속에서 혼합한 다음 액체 재료(물, 달걀)를 넣고 믹싱을 한다.

 **반죽온도 조절** : 동절기 및 하절기에는 물 온도를 조절하여 반죽온도를 맞추어야 한다.

02 반죽이 한 덩어리로 뭉치면(클린업 단계) 버터를 넣고 섞이면, 최종 단계까지 믹싱한다.

03 믹싱이 완료되면 용기에 반죽을 넣어 반죽온도를 측정한 다음, 표면이 마르지 않도록 비닐을 덮어 발효실에 넣는다.
※ 반죽 온도 : 27℃

04 발효실 온도 27℃, 상대습도 75~80%, 시간 약 40~50분 정도 1차 발효 한다.

 시간보다는 상태로 확인 한다.

05 1차 발효가 완료되면, 반죽을 50g씩 분할하여 둥글리기 해 놓는다.

06 비닐로 덮어 실온에서 약 10~20분 정도 중간 발효 시킨다.
※ 둥글리기하여 한쪽 끝부분이 뾰족한 올챙이 모양으로 만들어 놓는다.

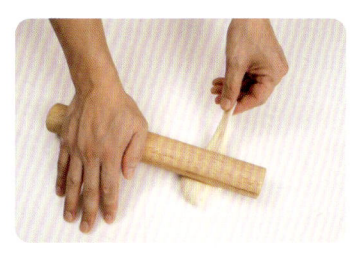

07 밀대를 이용하여 반죽을 긴 삼각형 모양으로 만든다.
※ 길이 25~27cm, 폭 6~7cm 정도

08 간격이 넓은 부분부터 끝까지 말아준다(번데기 모양).
※ 말아주는 결 수가 일정해야 한다.

09 성형하여 철판에 일정한 간격으로 12개씩(3×4) 대각선으로 팬닝하고 계란물을 칠한 다음, 발효실 온도 35~40℃, 상대습도 80~85%, 시간 약 30~40분 정도 2차 발효를 한다.
※ 잘 굴러다니므로 한 번씩 살짝 눌러 고정시켜준다.

10 오븐 상190℃/하140℃에서 약 10~12분 정도 굽는다.
※ 색이 균일하게 나도록 한다.

 – 완제품을 정리하여 감독관에게 제출한다.
  – 완제품 제출 후, 사용한 기구 및 작업대와 주변을 깨끗하게 정리 정돈 한다.

제품평가

ⓐ 제품의 분할 무게와 비교하여 부피가 균일하고 모양이 좌우 대칭을 이루어야 한다.

ⓑ 제품이 찌그러지거나 계란 물의 얼룩이 생겨서는 안된다.

ⓒ 제품 봉합한 부분이 밑면에 있어야 한다.

버터 톱 식빵

Butter Top Bread | 버터가 많은 제품으로 버터의 맛과 향이 풍부하고 부드러운 맛의 식빵이다.
반죽 윗면에 길이로 길게 칼집을 넣은 다음 버터를 짜준다.

시험시간 **3시간 30분**　재료계량 **9분**

요구사항

다음 요구사항대로 버터 톱 식빵을 제조하여 제출하시오.

1. 배합표의 각 재료를 계량하여 재료별로 진열하시오(9분).
   - 재료계량(재료당 1분) → [감독위원 계량확인] → 작품제조 및 정리정돈(전체시험시간-재료계량시간).
   - 재료계량 시간내에 계량을 완료하지 못하여 시간이 초과된 경우 및 계량을 잘못한 경우는 추가의 시간 부여 없이 작품제조 및 정리정돈 시간을 활용하여 요구사항의 무게대로 계량.
   - 달걀의 계량은 감독위원이 지정하는 개수로 계량.
2. 반죽은 **스트레이트법**으로 만드시오(단, 유지는 클린업 단계에서 첨가하시오).
3. 반죽온도는 **27℃**를 표준으로 하시오.
4. 분할무게 460g 짜리 5개를 만드시오(한덩이 : one loaf).
5. 윗면을 길이로 자르고 버터를 짜 넣는 형태로 만드시오.
6. 반죽은 전량을 사용하여 성형하시오.

재료명	비율(%)	무게(g)
강력분	100	1,200
물	40	480
이스트	4	48
제빵 개량제	1	12
소금	1.8	21.6 (22)
설탕	6	72
버터	20	240
탈지분유	3	36
달걀	20	240
계	195.8	2,349.6 (2,350)
버터 (바르기용)	5	60

※ 지급재료 : 버터 330g
※ 충전용, 토핑용 재료는 계량시간에서 제외

 ― 스트레이트법 : 배합표에 따라 재료를 계량한 후, 감독관의 지시에 따라 작업을 실시한다.

01 믹싱볼에 가루 재료를 넣고 저속에서 혼합한 다음 액체재료 (물, 달걀)를 넣고 믹싱을 한다.

 **반죽온도 조절** : 동절기 및 하절기에는 물 온도를 조절 하여 반죽온도를 맞추어야 한다.

02 반죽이 한 덩어리로 뭉치면(클린업 단계) 버터를 넣고 섞이면, 최종 단계 믹싱한다.

03 믹싱이 완료되면 가스빼기를 한 후, 용기에 반죽을 넣어 반죽온도를 측정한 다음 반죽의 표면이 건조되지 않도록 비닐을 덮어 발효실에 넣는다.
※ 반죽 온도 : 27℃

04 발효실 온도 27℃, 상대습도 75~80%, 시간 약 40~50분 정도 1차 발효 한다.

05 발효가 완료되면 반죽을 460g씩 분할하여 둥글리기 해 놓는다.

06 반죽을 비닐로 덮어 약 15~20분정도 실온에서 중간 발효 한다.

07 반죽의 기포를 손으로 제거한 후, 밀대를 이용하여 반죽의 가스를 제거하고 약간 넓게 밀어 편 다음, 둥근 막대 모양으로 말아 밑면을 잘 봉한다.

08 반죽의 밑면 이음매 부분이 밑으로 향하게 하여 식빵 틀에 팬닝 한 후, 손으로 반죽이 좌우대칭의 균형이 잡히도록 조절해 놓는다.

09 발효실 온도 35~40℃, 상대습도 85% 상태에서 약 40~50분 정도 발효 시킨다.
※ 2차 발효의 종점은 식빵 틀 높이의 약 1cm 정도 낮은 것이 최적의 상태이다.
2차 발효가 완료되면 실온에서 반죽의 표피를 약간 건조 시킨 후 반죽 가운데를 일자로 자른 다음 짤주머니 (또는 1회용 짤주머니)를 이용하여 버터를 짜준다.

10 오븐 상180℃/하180℃, 상180℃/하190℃에서 약 30~40분 정도 굽는다.
※ 오븐 위치에 따라 온도 편차가 생기면 적절한 시간에 온도를 낮추고 팬의 위치를 바꾸어 주면서 굽기를 실시 해야 한다.

 - 완제품을 정리하여 감독관에게 제출한다.
- 완제품 제출 후, 사용한 기구 및 작업대와 주변을 깨끗하게 정리 정돈 한다.

제품평가

ⓐ 제품 윗면은 밝은 황색을 띠고 옆면과 밑면에도 적당히 색이 나야 한다.
ⓑ 제품에 함몰 부위와 찌그러짐이 없어야 하며, 대칭을 이루어야 한다.
ⓒ 윗면의 터짐이 균일해야 하며 반점이나 줄무늬가 없어야 한다.
ⓓ 식감이 부드럽고 버터향이 발효향과 잘 어울려야 하며, 생재료 및 탄맛과 끈적거리는 식감이 없어야 한다.

베이글

Bagels | 약 2000년 전부터 유대인들이 만들었던 빵으로, 주로 아침식사에 사용하였다. 밀가루, 소금, 이스트, 물로 만든 빵이다. 도우넛 모양으로 생긴 이스트 롤로 뻣뻣한 느낌과 반짝이는 빵 껍질을 가졌다.

 시험시간 **3시간 30분**   재료계량 **7분**

요구사항

다음 요구사항대로 베이글을 제조하여 제출하시오.

1. 배합표의 각 재료를 계량하여 재료별로 진열하시오(7분).
   - 재료계량(재료당 1분) → [감독위원 계량확인] → 작품제조 및 정리정돈(전체시험시간-재료계량시간).
   - 재료계량 시간내에 계량을 완료하지 못하여 시간이 초과된 경우 및 계량을 잘못한 경우는 추가의 시간 부여 없이 작품제조 및 정리정돈 시간을 활용하여 요구사항의 무게대로 계량.
   - 달걀의 계량은 감독위원이 지정하는 개수로 계량.
2. 반죽은 **스트레이트법**으로 제조하시오.
3. 반죽 온도는 **27℃**를 표준으로 하시오.
4. 1개당 분할중량은 80g으로 하고 링모양으로 정형하시오.
5. 반죽은 전량을 사용하여 성형하시오.
6. 2차 발효 후 끓는 물에 데쳐 팬닝하시오.
7. 팬 2개에 완제품 16개를 구워 제출하고 남은 반죽은 감독위원의 지시에 따라 별도로 제출하시오.

재료명	비율(%)	무게(g)
강력분	100	800
물	55~60	440~480
이스트	3	24
제빵 개량제	1	8
소금	2	16
설탕	2	16
식용유	3	24
계	166~171	1,328~1,368

 **- 스트레이트법 :** 배합표에 따라 재료를 계량한 후, 감독관의 지시에 따라 작업을 실시한다.

01 믹싱볼에 가루재료를 넣고 저속에서 혼합한 다음 액체재료 (물, 식용유)를 넣고 믹싱을 한다.

Point 반죽온도 조절 : 동절기 및 하절기에는 물 온도를 조절하여 반죽온도를 맞추어야 한다.

02 반죽을 최종 단계 초기까지 믹싱한 후, 용기에 반죽을 넣어 반죽온도를 측정한 다음 표면이 마르지 않도록 비닐을 덮어 발효실에 넣는다.
  ※ 반죽 온도 : 27℃
  ※ 글루텐 형성이 과도하면 제품의 결이 질겨지므로 반죽할 때 주의를 해야 한다.

03 발효실 온도 27℃, 상대습도 75%, 시간 약 40~50분정도 1차 발효 한다.

04 1차 발효가 완료되면, 반죽을 80g씩 분할하여 둥글리기 해 놓는다.

05 비닐로 덮어 실온에서 약 10~20분정도 중간발효 한다.

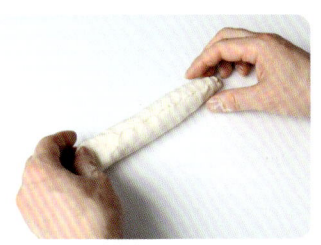

06 반죽을 3겹 접기를 한 후 이음매 부분을 봉해서 길게 25cm 정도가 되도록 말기를 한다.

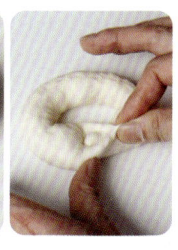

07 양쪽을 붙여서 링모양을 만든다.

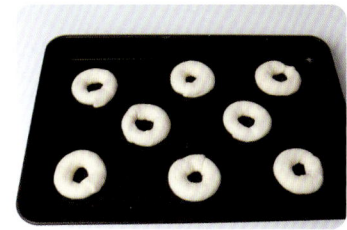

08 온도 30~33℃, 상대습도 80%, 시간 25~30분 정도 2차 발효한다.

09 표면을 약간 말린 다음 끓는 물에(약 90~95℃) 양쪽면을 각각 30초씩 데친다.(표면의 젤라틴화)

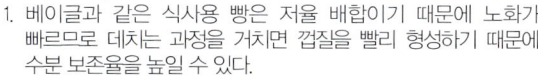

베이글을 끓는물에 데치는 이유
1. 베이글과 같은 식사용 빵은 저율 배합이기 때문에 노화가 빠르므로 데치는 과정을 거치면 껍질을 빨리 형성하기 때문에 수분 보존율을 높일 수 있다.
2. 1차 발효 때 데치면 이스트가 죽어서 발효가 안되므로 조직감 개선과 보존기간의 연장을 위해서 2차 발효 후에 데친다.
3. 부푼 반죽을 먼저 끓는 물에 데쳐 겉을 익힌 후 오븐에서 구워 내므로 다른 빵에 비해 매우 쫄깃쫄깃한 맛이 난다.

10 데친 반죽을 철판에 팬닝한 다음 약간 건조시킨다.

11 오븐에 넣어 상200℃/하170℃에서 약 15~20분 정도 굽는다.

- 완제품을 정리하여 감독관에게 제출한다.
- 완제품 제출 후, 사용한 기구 및 작업대와 주변을 깨끗하게 정리 정돈 한다.

제품평가

ⓐ 전체적으로 둥근 링 모양의 균형이 잡히고, 황갈색을 나타내어야 한다.
ⓑ 제품의 껍질은 약간 단단하면서 바삭한 식감을 주어야 한다.
ⓒ 제품의 모양이 찌그러지거나 옆면이 터져서는 안된다.

빵 도넛

Yeast Doughnut | 모양으로는 링모양이 일반적이고, 원형·타원형·트위스트형이 있다.
튀긴 후, 표면에 분설탕을 뿌리고 따뜻할 때 먹는다.

 시험시간 **3시간**　　 재료계량 **12분**

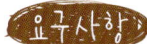

다음 요구사항대로 빵 도넛을 제조하여 제출하시오.

1. 배합표의 각 재료를 계량하여 재료별로 진열하시오(12분).
   - 재료계량(재료당 1분) → [감독위원 계량확인] → 작품제조 및 정리정돈(전체시험시간−재료계량시간).
   - 재료계량 시간내에 계량을 완료하지 못하여 시간이 초과된 경우 및 계량을 잘못한 경우는 추가의 시간 부여 없이 작품제조 및 정리정돈 시간을 활용하여 요구사항의 무게대로 계량.
   - 달걀의 계량은 감독위원이 지정하는 개수로 계량.
2. 반죽을 **스트레이트법**으로 제조하시오(단, 유지는 클린업 단계에서 첨가하시오).
3. 반죽온도는 **27℃**를 표준으로 하시오.
4. 분할 무게는 46g씩으로 하시오.
5. 모양은 8자형 22개와 트위스트형(꽈배기형) 22개로 만드시오.
   (남은 반죽은 감독위원의 지시에 따라 별도로 제출하시오.)

재료명	비율(%)	무게(g)
강력분	80	880
박력분	20	220
설탕	10	110
쇼트닝	12	132
소금	1.5	16.5 (16)
탈지분유	3	33 (32)
이스트	5	55 (56)
제빵 개량제	1	11 (10)
바닐라 향	0.2	2.2 (2)
달걀	15	165 (164)
물	46	506
넛메그	0.2	2.2 (2)
계	193.9	2,132.9 (2,130)

 — 스트레이트법 : 배합표에 따라 재료를 계량한 후, 감독관의 지시에 따라 작업을 실시한다.

01 믹싱볼에 가루 재료를 넣고 저속에서 혼합한 다음 액체 재료(물, 달걀)를 넣고 믹싱을 한다.

 **반죽온도 조절** : 동절기 및 하절기에는 물 온도를 조절 하여 반죽온도를 맞추어야 한다.

02 반죽이 한 덩어리로 뭉치면(클린업 단계) 쇼트닝을 넣고 섞이면, 최종 단계까지 믹싱한다.

03 믹싱이 완료되면 용기에 반죽을 넣어 반죽온도를 측정한 다음 표면이 마르지 않도록 비닐을 덮어 발효실에 넣는다.
※ 반죽 온도 : 27℃

04 발효실 온도 27℃, 상대습도 75~80%, 시간 약 40~50분 정도 1차 발효 한다.
※ 시간보다는 상태로 확인 한다.

05 1차 발효가 완료되면, 가스를 제거한 후 반죽을 45g씩 분할 하여 둥글리기 한 다음, 비닐로 덮어 실온에서 약10~20분 정도 중간발효 시킨다.

06 반죽을 늘려 가스를 뺀 후 8자형, 꽈배기 모양을 만든다.
※ 모양은 감독위원의 지시에 따른다.

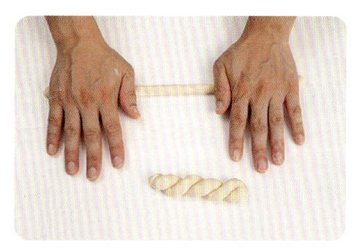

07 **꽈배기형** : 반죽 한쪽을 비스듬히 얇게하여 30cm 정도 늘린 후 굵은 쪽을 중심으로 돌려 감고, 이음매 부분이 떨어지지 않도록 잘 붙인다.

08 **8자형** : 반죽을 약 30cm 길이로 늘린 후 8자형으로 꼬아 만든다.

09 발효실 온도 32~35℃, 상대습도 75%에서 약 20~30분 정도 2차 발효 한다.
※ 철판에 식용유칠을 해서 팬닝한다.

튀김을 해야 하므로 2차 발효실 습도를 다른 제품에 비해 낮게 해야 한다.

10 튀김은 180~190℃에서 약 2~3분 정도 균일한 색이 나도록 튀긴다.
※ 튀길 때 한번만 뒤집는다.
 - 옆면에 띠가 선명하게 생겨야 한다.
 - 크림층이 선명할수록 발효를 잘 시켰음.

11 튀긴 후, 계피설탕(계피1:설탕9)을 골고루 묻힌다.
※ 만약 도넛 색이 연할 때와 진할 경우 계피의 양으로 조정을 해야 한다.

- 완제품을 정리하여 감독관에게 제출한다.
- 완제품 제출 후, 사용한 기구 및 작업대와 주변을 깨끗하게 정리 정돈 한다.

제품평가

ⓐ 제품의 부피가 작고, 기름 흡수가 많으면 안된다.
ⓑ 제품에 기름 맛이 없고, 발효 향이 있어야 한다.
ⓒ 제품이 찌그러짐이 없어야 하며, 윗면과 밑면이 띠가 선명하게 나타나야 한다.

소시지 빵

Sausage Bread | 소시지를 넣어 만든 낙엽 모양의 조리 빵류로 식사 대용 또는 간식용으로 먹기에 좋다.

 시험시간 **3시간 30분**   재료계량 **10분**

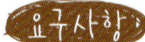

다음 요구사항대로 소시지빵을 제조하여 제출하시오.

1. 반죽 재료를 계량하여 재료별로 진열하시오(10분).
   (토핑 및 충전물 재료의 계량은 휴지시간을 활용하시오.)
   - 재료계량(재료당 1분) → [감독위원 계량확인] → 작품제조 및 정리 정돈(전체시험시간-재료계량시간).
   - 재료계량 시간내에 계량을 완료하지 못하여 시간이 초과된 경우 및 계량을 잘못한 경우는 추가의 시간 부여 없이 작품제조 및 정리정돈 시간을 활용하여 요구사항의 무게대로 계량.
   - 달걀의 계량은 감독위원이 지정하는 개수로 계량.
2. 반죽은 **스트레이트법**으로 제조하시오.
3. 반죽온도는 **27℃**를 표준으로 하시오.
4. 반죽 분할 무게는 70g씩 분할하시오.
5. 완제품(토핑 및 충전물 완성)은 12개 제조하여 제출하고 남은 반죽은 감독위원이 지정하는 장소에 따로 제출하시오.
6. 충전물은 발효시간을 활용하여 제조하시오.
7. 정형 모양은 낙엽모양 6개와 꽃잎모양 6개씩 2가지로 만들어서 제출하시오.

· **배합표 (반죽)**

재료명	비율 (%)	무게 (g)
강력분	80	560
중력분	20	140
생이스트	4	28
제빵 개량제	1	6
소금	2	14
설탕	11	76
마가린	9	62
탈지분유	5	34
달걀	5	34
물	52	364
계	189	1,318

· **토핑 및 충전물**

재료명	비율 (%)	무게 (g)
프랑크 소시지	100	480
양파	72	336
마요네즈	34	158
피자치즈	22	102
케찹	24	112
계	252	1,188

※충전용, 토핑용 재료는 계량시간에서 제외

 — 스트레이트법 : 배합표에 따라 재료를 계량한 후, 감독관의 지시에 따라 작업을 실시한다.

01 믹싱볼에 가루 재료를 넣고 저속에서 혼합한 다음 액체 재료(물, 달걀)를 넣고 믹싱을 한다.

 **반죽온도 조절** : 동절기 및 하절기에는 물 온도를 조절하여 반죽온도를 맞추어야 한다.

02 반죽이 한 덩어리로 뭉치면(클린업 단계) 마가린을 넣고 섞이면, 최종 단계까지 믹싱한다.

03 믹싱이 완료되면 용기에 반죽을 넣어 반죽온도를 측정한 다음 표면이 마르지 않도록 비닐을 덮어 발효실에 넣는다.
※ 반죽 온도 : 27℃

04 발효실 온도 27℃, 상대습도 75~80%, 시간 약 40~50분 정도 1차 발효 한다.
※ 시간보다는 상태로 확인 한다.

05 1차 발효가 완료되면, 반죽을 70g씩 분할하여 둥글리기 해 놓는다.

06 비닐로 덮어 실온에서 약 10~20분정도 중간발효 시킨다.

07 반죽을 밀어펴고 소시지를 감싼다.

08 7)을 8~9군데 잘라서 펼쳐서 낙엽 모양, 꽃잎 모양을 만든다.
※ 낙엽모양은 가위를 45°로 비스듬히 자른다.
※ 꽃잎모양은 가위를 직각으로 해서 자른다.
※ 꽃잎모양은 반죽과 반죽이 겹치지 않게 한다.

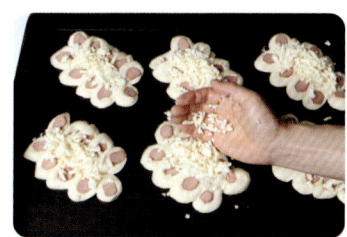

09 온도 35~40℃, 상대습도 85%, 시간은 20~30분 정도 2차 발효 후 윗면에 다진 양파, 피자치즈를 올린다.
※ 발효 중간에 양파를 다져 놓는다.

10 마요네즈, 케찹을 짜준다.

11 오븐에 넣고 상190℃/하150℃ 또는 상200℃/하150℃에서 약 15분 정도로 굽는다.

- 완제품을 정리하여 감독관에게 제출한다.
- 완제품 제출 후, 사용한 기구 및 작업대와 주변을 깨끗하게 정리 정돈 한다.

제품평가

ⓐ 제품의 빵과 충전물의 양이 균형을 이루고 낙엽모양과 꽃잎모양이 나타나야 한다.
ⓑ 제품은 야채와 조화를 잘 이루고 마요네즈와 케찹이 타서는 안된다.
ⓒ 제품 주변에 충전물이 넘쳐 탄 부분이 없어야 하고, 발효가 적당히 되어 모양별 크기가 균일해야 한다.

스위트 롤

Sweet Roll | 이스트로 발효시킨 달콤한 맛의 롤 빵이다.
건포도, 땅콩, 향신료, 시럽이나 젤라틴 등의 재료를 겉에 입히지 않은 모든 롤 빵을 말한다.

 시험시간 **3시간 30분**  재료계량 **9분**

요구사항

다음 요구사항대로 스위트 롤을 제조하여 제출하시오.

1. 배합표의 각 재료를 계량하여 재료별로 진열하시오(9분).
   - 재료계량(재료당 1분) → [감독위원 계량확인] → 작품제조 및 정리정돈(전체시험시간–재료계량시간).
   - 재료계량 시간내에 계량을 완료하지 못하여 시간이 초과된 경우 및 계량을 잘못한 경우는 추가의 시간 부여 없이 작품제조 및 정리정돈 시간을 활용하여 요구사항의 무게대로 계량.
   - 달걀의 계량은 감독위원이 지정하는 개수로 계량.
2. 반죽은 **스트레이트법**으로 제조하시오(단, 유지는 클린업 단계에 첨가 하시오).
3. 반죽온도는 **27℃**를 표준으로 사용하시오.
4. 야자잎형 12개, 트리플 리프(세잎새형) 9개를 만드시오.
5. 계피 설탕은 각자가 제조하여 사용하시오.
6. 성형 후 남은 반죽은 감독위원의 지시에 따라 별도로 제출하시오.

재료명	비율 (%)	무게 (g)
강력분	100	900
물	46	414
이스트	5	45 (46)
제빵 개량제	1	9 (10)
소금	2	18
설탕	20	180
쇼트닝	20	180
탈지분유	3	27 (28)
달걀	15	135 (136)
계	212	1,908 (1,912)
충전용 설탕	15	135 (136)
충전용 계피가루	1.5	13.5 (14)

※충전용, 토핑용 재료는 계량시간에서 제외

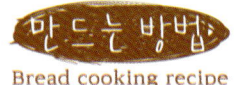 — **스트레이트법** : 배합표에 따라 재료를 계량한 후, 감독관의 지시에 따라 작업을 실시한다.

01 믹싱볼에 가루 재료를 넣고 저속에서 혼합한 다음 액체 재료(물, 달걀)를 넣고 믹싱을 한다.

반죽온도 조절 : 동절기 및 하절기에는 물 온도를 조절하여 반죽온도를 맞추어야 한다.

02 반죽이 한 덩어리로 뭉치면(클린업 단계) 쇼트닝을 넣고 섞이면, 최종 단계까지 믹싱한다.

03 믹싱이 완료되면 용기에 반죽을 넣어 반죽온도를 측정한 다음, 표면이 마르지 않도록 비닐을 덮어 발효실에 넣는다.
※ 반죽 온도 : 27℃

04 발효실 온도 27℃, 상대습도 75~80%, 시간 약 40~50분 정도 1차 발효 한다.

05 1차 발효가 완료되면, 전체 반죽을 밀어 펴기에 적당한 양으로 분할(1/2정도) 하여 세로 30㎝, 두께 0.5~0.6㎝의 직사각형으로 밀어 편 다음, 가장자리 1㎝를 남기고 나머지 부분에 녹인 버터를 바른다.
※ 분할은 감독관 지시에 따른다.

06 충전용 설탕과 계피 가루를 혼합하여 균일하게 뿌린 후 원형으로 말아 반죽의 가장자리에 물을 칠하여 이음매를 잘 봉한다.
※ 성형은 모양에 따라 균일한 크기로 절단하여 아래와 같이 만든다.
(성형모양은 감독관에 지시에 따른다.)

07 **야자잎모양** : 약 4㎝ 정도의 길이로 자른 후 가운데를 2/3정도만 잘라 같은 방향으로 벌려 놓는다.

08 **트리플 리프** : 약 5㎝ 정도의 길이로 자른 후 3등분하여 2/3정도 잘라 같은 방향으로 벌려 놓는다.

10 성형이 완료되면 같은 모양, 크기의 반죽 철판에 팬닝을 한 다음, 달걀물칠 후 발효실 온도 35~40℃, 상대습도 85%, 약 20~30분 정도 2차 발효 한다.

11 오븐 상200℃/하150℃에서 약 12~15분 정도 굽기한다.

 – 완제품을 정리하여 감독관에게 제출한다.
　– 완제품 제출 후, 사용한 기구 및 작업대와 주변을 깨끗하게 정리 정돈 한다.

제품평가

ⓐ 제품의 모양이 찌그러짐이 없어야 하고, 균일해야 한다.

ⓑ 제품의 속결과 충전물의 구분이 분명하고, 말린 부분이 규칙적이어야 한다.

ⓒ 충전물의 맛과 발효 향이 조화를 이루어야 한다.

식빵 (비상 스트레이트법)

White Pan Bread (Emergency Dough Method) | 틀에 넣어 구운 흰 빵으로 주식으로 식용하는 빵이며, 산봉우형으로 만든 오픈 영국형과 꼭대기가 평평해진 미국형이 있다

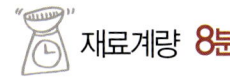 시험시간 **2시간 40분**　재료계량 **8분**

요구사항

다음 요구사항대로 **식빵(비상 스트레이트법)**을 제조하여 제출하시오.

1. 배합표의 각 재료를 계량하여 재료별로 진열하시오(8분).
   - 재료계량(재료당 1분) → [감독위원 계량확인] → 작품제조 및 정리정돈(전체시험시간-재료계량시간).
   - 재료계량 시간내에 계량을 완료하지 못하여 시간이 초과된 경우 및 계량을 잘못한 경우는 추가의 시간 부여 없이 작품제조 및 정리정돈 시간을 활용하여 요구사항의 무게대로 계량.
   - 달걀의 계량은 감독위원이 지정하는 개수로 계량.
2. **비상 스트레이트법** 공정에 의해 제조하시오(반죽온도는 **30℃**로 한다).
3. 표준 분할 무게는 170g으로 하고, 제시된 팬의 용량을 감안하여 결정하시오. (단, 분할무게×3을 1개의 식빵으로 함)
4. 반죽은 전량을 사용하여 성형하시오.

재료명	비율 (%)	무게 (g)
강력분	100	1,200
물	63	756
이스트	5	60
제빵 개량제	2	24
설탕	5	60
쇼트닝	4	48
탈지분유	3	36
소금	1.8	21.6 (22)
계	183.8	2,205.6 (2,206)

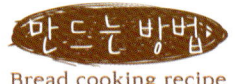 — 비상 스트레이트법 : 배합표에 따라 원료를 계량한 후 정리정돈을 하고 감독위원의 지시에 따라 작업을 진행한다.

01 믹싱볼에 가루 재료를 넣고 저속에서 혼합한 다음, 액체 재료(물)를 넣고 믹싱을 한다.

Point 반죽온도 조절 : 동절기 및 하절기에는 물 온도를 조절하여 반죽온도를 맞추어야 한다.

02 반죽이 한 덩어리로 뭉치면(클린업 단계) 쇼트닝을 넣고 섞이면, 최종 단계 후기까지 믹싱한다.
※ 보통 식빵 반죽에 비하여 약 20~25% 정도 더 믹싱한다.

03 믹싱이 완료되면 가스빼기를 한 후, 용기에 반죽을 넣어 반죽온도를 측정한 다음 비닐을 덮어 발효실에 넣는다.
※ 반죽 온도 : 30℃

04 발효실 온도 30℃, 발효실 습도 75~80%, 시간 약 15~30분 1차 발효한다.

Point 비상스트레이트법의 수조치 사항
ⓐ 물을 1% 증가 한다.　ⓑ 이스트 사용량을 2배 증가한다.
ⓒ 설탕 1% 감소 한다.　ⓓ 반죽온도 30℃로 맞춘다.
ⓔ 반죽시간 25% 증가한다.
ⓕ 1차발효시간 15~30분으로 한다.

05 1차 발효가 완료되면 반죽을 170g씩 분할해 둥글리기 해 놓는다.

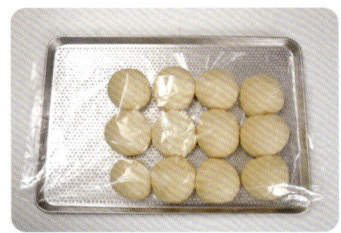

06 비닐로 덮어 약 15분 정도 실온에서 중간발효를 시킨다.

07 밀대를 이용하여 반죽의 가스를 제거한 후 3겹 접기하여 말아준 다음 밑면을 잘 봉한다.

08 밑면을 잘 봉한 다음 반죽을 3개씩 식빵 틀에 이음매가 바닥에 닿도록 놓는다.

Point 제품의 밑면이 좋게 나오게 하려면 틀에 반죽을 넣은 후 가볍게 눌러준다.

09 발효실 온도 35~38℃, 상대습도 80~85%, 약 30분 정도 2차 발효한다(시간 보다는 발효상태를 판단).

Point **2차 발효의 완료점** : 반죽의 제일 높은 부분이 틀 높이 또는 0.5cm 위로 올라온 상태로 결정한다.

10 오븐 상180℃/하190℃에서 약 35분 굽는다.

Point 오븐 위치에 따라 온도 편차가 생기면 적절한 시간에 팬의 위치를 바꾸어주면서 굽는다.

- 완제품을 정리하여 감독관에게 제출한다.
- 완제품 제출 후, 사용한 기구 및 작업대와 주변을 깨끗하게 정리 정돈 한다.

제품평가

ⓐ 제품 전체가 잘 익어야 하고, 껍질색이 황금갈색을 나타내며 찌그러짐이 없어야 한다.

ⓑ 측면에 터짐이나 윗면에 기공 및 반점이 없어야 한다.

ⓒ 부풀림 정도가 일정해야 한다.

쌀 식빵

Rice Pan Bread | 글루텐이 없는 쌀가루를 이용한 식빵이며 쌀은 콜레스테롤 저하, 항산화, 혈압조절, 당뇨병 예방 등 다양한 기능과 효과들에 대한 연구가 보고되고 있다.

 시험시간 **3시간 40분** 재료계량 **9분**

다음 요구사항대로 쌀 식빵을 제조하여 제출하시오.

1. 배합표의 각 재료를 계량하여 재료별로 진열하시오(9분).
   - 재료계량(재료당 1분) → [감독위원 계량확인] → 작품제조 및 정리정돈(전체시험시간-재료계량시간).
   - 재료계량 시간내에 계량을 완료하지 못하여 시간이 초과된 경우 및 계량을 잘못한 경우는 추가의 시간 부여 없이 작품제조 및 정리정돈 시간을 활용하여 요구사항의 무게대로 계량.
   - 달걀의 계량은 감독위원이 지정하는 개수로 계량.
2. 반죽은 **스트레이트법**으로 제조하시오(단, 유지는 클린업 단계에서 첨가하시오).
3. 반죽 온도는 **27℃**를 표준으로 하시오.
4. 분할무게는 198g씩으로 하고, 제시된 팬의 용량을 감안하여 결정하시오. (단, 분할무게 x 3을 1개의 식빵으로 함)
5. 반죽은 전량을 사용하여 성형하시오.

재료명	비율 (%)	무게 (g)
강력분	70	910
쌀가루	30	390
물	63	819 (820)
이스트	3	39 (40)
소금	1.8	23.4 (24)
설탕	7	91 (90)
쇼트닝	5	65 (66)
탈지분유	4	52
제빵개량제	2	26
계	185.8	2,415.4 (2,418)

※지급재료 : 얼음 200g

 **- 스트레이트법** : 배합표에 따라 재료를 계량한 후, 감독관의 지시에 따라 작업을 실시한다.

01 물과 쇼트닝을 제외한 전 재료를 믹싱기 볼에 넣고 장착한 뒤 물을 붓고 반죽한다.

02 반죽을 만져 글루텐을 확인한다. (글루텐 90%)
믹싱은 발전 단계 후반 발전 단계 반죽은 탄력성이 가장 좋은 단계이다.
탄력성이 좋은 반죽이므로 반죽을 잡아 당겼을 때 쉽게 끊기는 것이 특징이다.

03 믹싱이 완료 되면 반죽 상태를 확인하고 (반죽온도 27℃)
1차 발효시간 50~60분 한다.
(1차 발효가 완성되면 반죽 가장자리에 기공이 형성된 것을 볼 수 있다.)
(습도 75%, 온도 27℃)

04 1차 발효가 완료된 반죽을 198g씩 분할하여 둥글리기 한다.

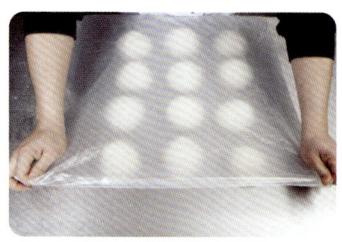

05 실온에서 10~15분 정도 중간발효 한다.

06 밀대를 사용하여 가볍게 밀어 편다.

 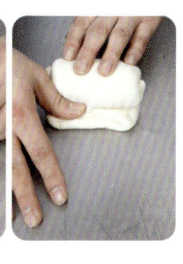

07 둥글게 말아서 끝 부분을 봉해준다.

08 이음매가 팬 바닥 정중앙으로 향하도록 식빵 팬에 성형한 반죽 3개를 넣는다.

09 팬 높이보다 1cm~1.5cm 정도 올라오도록 2차 발효가 되면 오븐 온도 윗불 160℃, 아랫불 180℃에서 30~40분 정도 굽는다.
(습도 85%, 온도 35℃)

Point 이스트는 재료 중 소금이나 설탕과 섞이지 않도록 물과 섞어 넣는다.

 - 완제품을 정리하여 감독관에게 제출한다.
   - 완제품 제출 후, 사용한 기구 및 작업대와 주변을 깨끗하게 정리 정돈 한다.

제품평가

ⓐ 제품 전제가 균형있게 구워져야 하고 옆면의 찌그러짐이 없어야 한다.

ⓑ 측면에 터짐이나 윗면에 기공 및 반점이 없어야 한다.

옥수수 식빵

Corn Pan Bread | 강력분과 옥수수가루를 주재료로 반죽을 만드는 고소한 맛의 식빵이다.

 시험시간 **3시간 40분**   재료계량 **10분**

요구사항

다음 요구사항대로 옥수수 식빵을 제조하여 제출하시오.

1. 배합표의 각 재료를 계량하여 재료별로 진열하시오(10분).
   - 재료계량(재료당 1분) → [감독위원 계량확인] → 작품제조 및 정리정돈(전체시험시간−재료계량시간).
   - 재료계량 시간내에 계량을 완료하지 못하여 시간이 초과된 경우 및 계량을 잘못한 경우는 추가의 시간 부여 없이 작품제조 및 정리정돈 시간을 활용하여 요구사항의 무게대로 계량.
   - 달걀의 계량은 감독위원이 지정하는 개수로 계량.
2. 반죽은 **스트레이트법**으로 제조하시오(단, 유지는 클린업 단계에서 첨가 하시오).
3. 반죽 온도는 **27℃**를 표준으로 하시오.
4. 표준 분할 무게는 180g으로 하고, 제시된 팬의 용량을 감안하여 결정하시오.
   (단, 분할무게×3을 1개의 식빵으로 함)
5. 반죽은 전량을 사용하여 성형하시오.

재료명	비율 (%)	무게 (g)
강력분	80	960
옥수수 분말	20	240
물	60	720
이스트	3	36
제빵 개량제	1	12
소금	2	24
설탕	8	96
쇼트닝	7	84
탈지 분유	3	36
달걀	5	60
계	189	2,268

 **― 스트레이트법** : 배합표에 따라 재료를 계량한 후, 감독관의 지시에 따라 작업을 실시한다.

01 믹싱볼에 가루 재료를 넣고 저속으로 혼합한 다음 액체 재료(물, 달걀)를 넣고 저속으로 믹싱을 한다.

Point **반죽온도 조절** : 동절기 및 하절기에는 물 온도를 조절하여 반죽온도를 맞추어야 한다.

02 재료가 한 덩어리로 뭉치면(클린업 단계)에서 쇼트닝을 넣고 최종 단계까지 믹싱한다.
 ※ 옥수수의 점성 때문에 보통 식빵에 비하여 반죽시간을 줄인다.
 ※ 반죽이 질게 믹싱이 된다.
 ※ 한 덩어리가 안 되었다고 계속 믹싱하면 안 된다.

03 반죽이 완료되면 가스빼기를 한 후, 용기에 반죽을 넣고 온도를 측정 한 다음 비닐을 덮어 발효실에 넣는다.
 ※ 반죽온도 : 27℃

04 발효실 온도 27℃, 상대습도 75~80%, 시간 약 50~60분 정도 1차 발효 한다.

 **1차 발효 완료점**
 ⓐ 부피의 증가(3.0~3.5배 정도)
 ⓑ 반죽의 수축상태-손가락으로 찔렀을 때 약간 오므라드는 상태를 말한다.
 ⓒ 섬유질 상태(망사구조)

05 1차 발효가 완료되면 반죽을 180g씩 분할하여 매끈하게 둥글리기 해 놓는다.

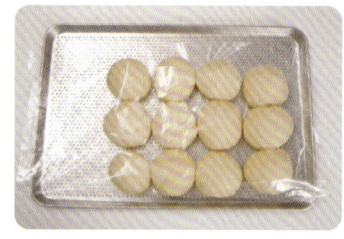

06 비닐을 덮어 약 15분 정도 실온에서 중간 발효한다.

07 밀대를 이용하여 반죽의 가스를 제거한 후 3겹 접기하여 말아준 후, 밑면을 잘 봉한다.

08 밑면을 잘 봉한 후, 반죽을 3개씩 식빵 틀에 이음매가 바닥에 닿도록 놓는다.

Point 제품의 밑면이 좋게 나오게 하려면 틀에 반죽을 넣은 후 가볍게 눌러준다.

09 발효실 온도 35~40℃, 상대습도 85%, 시간 약 40~50분 정도 2차 발효한다.

2차 발효 완료점 : 반죽의 제일 높은 부분이 틀 높이의 1~1.5cm 정도 올라왔을 때를 최적 상태로 결정한다.

10 오븐 상170℃/하190℃에서 약 35분 굽는다.

- 완제품을 정리하여 감독관에게 제출한다.
- 완제품 제출 후, 사용한 기구 및 작업대와 주변을 깨끗하게 정리 정돈 한다.

제품평가

ⓐ 제품 전체가 잘 익어야 하고, 껍질 색이 황금 갈색을 나타내며 찌그러짐이 없어야 한다.

ⓑ 옥수수의 노란색이 은은하게 배어 있어야 한다.

ⓒ 부풀림이 일정해야 한다.

우유 식빵

Milk Bread | 물 대신 우유를 넣어 질감이 촉촉하고 부드러운 식빵이다.
우유의 유당이 구울 때 색을 빨리 진하게 하기 때문에 주의해야 한다.

 시험시간 **3시간 40분**  재료계량 **8분**

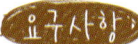

다음 요구사항대로 우유 식빵을 제조하여 제출하시오.

1. 배합표의 각 재료를 계량하여 재료별로 진열하시오(8분).
   - 재료계량(재료당 1분) → [감독위원 계량확인] → 작품제조 및 정리정돈(전체시험시간-재료계량시간).
   - 재료계량 시간내에 계량을 완료하지 못하여 시간이 초과된 경우 및 계량을 잘못한 경우는 추가의 시간 부여 없이 작품제조 및 정리정돈 시간을 활용하여 요구사항의 무게대로 계량.
   - 달걀의 계량은 감독위원이 지정하는 개수로 계량.
2. 반죽은 **스트레이트법**으로 제조하시오(단, 유지는 클린업 단계에 첨가하시오).
3. 반죽 온도는 **27℃**를 표준으로 하시오.
4. 표준 분할 무게는 180g으로 하고, 제시된 팬의 용량을 감안하여 결정하시오. (단, 분할무게×3을 1개의 식빵으로 함)
5. 반죽은 전량을 사용하여 성형하시오.

재료명	비율 (%)	무게 (g)
강력분	100	1,200
우유	40	480
물	29	348
이스트	4	48
제빵 개량제	1	12
소금	2	24
설탕	5	60
쇼트닝	4	48
계	185	2,220

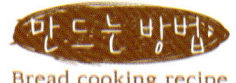 — 스트레이트법 : 배합표에 따라 원료를 계량한 후 정리정돈을 하고 감독위원의 지시에 따라 작업을 진행한다.

01 믹싱볼에 가루 재료를 넣고 저속으로 혼합한 다음 액체 재료(우유)를 넣고 저속으로 믹싱을 한다.
  ※ 우유는 반죽온도를 맞추기 위해 계절에 따라 중탕하여 사용한다.

02 반죽이 한 덩어리로 뭉치면(클린업 단계) 쇼트닝을 넣고 최종 단계까지 믹싱한다.

03 믹싱이 완료되면 가스빼기를 한 후 용기에 반죽을 넣어 반죽온도를 측정 한 다음 비닐을 덮어 발효실에 넣는다.
  ※ 반죽 온도 : 27℃

04 발효실 온도 27℃, 상대습도 75~80%, 시간 약 50~60분 정도 1차 발효한다.

Point **1차 발효의 완료점**
ⓐ 부피- 부피의 증가(2.5~3.5배 정도)
ⓑ 손가락 테스트-반죽을 눌렀을 때 약간 수축이 일어나는 정도로 판단한다.
ⓒ 구조망 형성-섬유질 상태(망사 구조)

05 발효가 완료되면 반죽을 180g씩 분할해 둥글리기 해 놓는다.

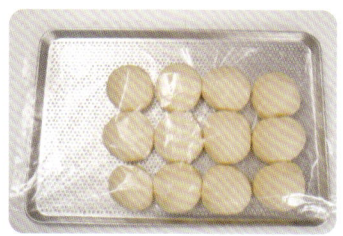

06 비닐을 덮어 실온에서 약 15~20분 정도 중간 발효한다.

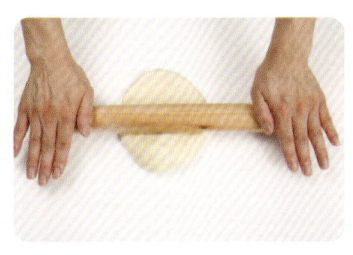

07 밀대를 이용하여 반죽의 가스를 제거한 후 3겹 접기하여 말아준 후, 밑면을 잘 봉한다.

08 밑면을 잘 봉한 후, 반죽을 3개씩 식빵 틀에 이음매가 바닥에 닿도록 놓는다.

 제품의 밑면이 좋게 나오게 하려면 틀에 반죽을 넣은 후 가볍게 눌러준다.

09 발효실 온도 35~38℃, 상대습도 80~85%, 약 40~50분 정도 2차 발효한다.

2차 발효의 완료점 : 반죽의 제일 높은 부분이 틀 높이의 1~1.5cm 정도 올라왔을 때 최적상태로 결정한다.

10 오븐 상170℃/하190℃에서 약 35분 정도 굽는다.

 – 완제품을 정리하여 감독관에게 제출한다.
– 완제품 제출 후, 사용한 기구 및 작업대와 주변을 깨끗하게 정리 정돈 한다.

제품평가

ⓐ 제품 전체기 잘 익어야 하고, 껍질 색이 황금 갈색을 나타내며 찌그러짐이 없어야 힌다.

ⓑ 측변에 터짐이니 힛면에 기곤과 반섭이 없어아 하며, 우유 맛과 은은한 발효 향이 조화를 이루어야 한다.

풀먼 식빵

Pullman Bread | 샌드위치 빵, 토스트 식빵, 각형 식빵이라고도 한다.
기차 객차 모습을 본따 만든 것으로, 기존 식빵틀 위에 뚜껑을 씌운 것이다.

시험시간 **3시간 40분**   재료계량 **9분**

요구사항

다음 요구사항대로 풀먼 식빵을 제조하여 제출하시오.

1. 배합표의 각 재료를 계량하여 재료별로 진열하시오(9분).
   - 재료계량(재료당 1분) → [감독위원 계량확인] → 작품제조 및 정리정돈(전체시험시간-재료계량시간).
   - 재료계량 시간내에 계량을 완료하지 못하여 시간이 초과된 경우 및 계량을 잘못한 경우는 추가의 시간 부여 없이 작품제조 및 정리정돈 시간을 활용하여 요구사항의 무게대로 계량.
   - 달걀의 계량은 감독위원이 지정하는 개수로 계량.
2. 반죽은 **스트레이트법**으로 제조하시오(단, 유지는 클린업 단계에 첨가하시오).
3. 반죽 온도는 **27℃**를 표준으로 하시오.
4. 표준 분할 무게는 250g으로 하고, 제시된 팬의 용량을 감안하여 결정하시오. (단, 분할무게×2를 1개의 식빵으로 함)
5. 반죽은 전량을 사용하여 성형하시오.

재료명	비율(%)	무게(g)
강력분	100	1,400
물	58	812
이스트	4	56
제빵 개량제	1	14
소금	2	28
설탕	6	84
쇼트닝	4	56
달걀	5	70
분유	3	42
계	183	2,562

 **Bread cooking recipe**

– 스트레이트법 : 배합표에 따라 원료를 계량한 후 정리정돈을 하고 감독위원의 지시에 따라 작업을 진행한다.

01 믹싱볼에 가루 재료를 넣고 저속에서 혼합한 다음 액체 재료(물, 달걀)를 넣고 믹싱을 한다.

 **반죽온도 조절** : 동절기 및 하절기에는 물 온도를 조절하여 반죽온도를 맞추어야 한다.

02 반죽이 한 덩어리로 뭉치면(클린업 단계) 쇼트닝을 넣고 섞이면, 최종 단계까지 믹싱한다.

03 믹싱이 완료되면 가스빼기를 한 후, 용기에 반죽을 넣어 반죽온도를 측정한 다음 비닐을 덮어 발효실에 넣는다.
※ 반죽 온도 : 27℃

04 발효실 온도 27℃, 상대습도 75~80%, 시간 약 40~50분 정도 1차 발효한다.

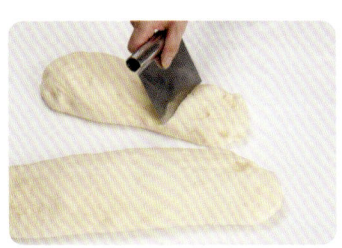

05 1차 발효가 완료되면 반죽을 250g씩 분할해 둥글리기 해 놓는다.

06 비닐을 덮어 약 15~20분 정도 실온에서 중간 발효한다.

07 밀대를 이용하여 반죽의 가스를 제거한 후 3겹 접기 하여 말아준 후, 밑면을 잘 봉한다.
  ※ 보통 식빵에 비하여 더 길고 넓게 밀어준다.

08 밑면을 잘 봉한 후, 반죽을 2개씩 풀먼 식빵 틀에 넣은 후 가볍게 눌러준다.

09 발효실 온도 35~40℃, 상대습도 80~85%, 약 40~50분 정도 2차 발효한다.

Point 2차 발효의 완료점은 시간보다는 틀 높이로 조절하며, 틀 높이의 1.0cm 정도 낮은 상태가 되었을 때 덮개를 닫는다.

10 오븐 상190℃/하190~200℃에서 약 40~45분 정도 굽는다.
  ※ 사면에 색이 골고루 갈색이 나야한다.

- 완제품을 정리하여 감독관에게 제출한다.
- 완제품 제출 후, 사용한 기구 및 작업대와 주변을 깨끗하게 정리 정돈 한다.

제품평가

ⓐ 제품 전체가 잘 익어야 하고 윗면, 밑면, 옆면의 색이 고르게 나야 하며 찌그러짐이 없어야 한다.

ⓑ 반죽의 부풀림이 작아 틀의 뚜껑에 못미쳐 모서리에 빈틈이 생기거나, 너무 부풀어 윗면으로 넘쳐서는 안된다.

호밀 빵

Rye Bread | 흑 빵 또는 독일 빵, 라이 브레드(Rye bread)로도 불린다.
각 나라마다 배합량에 차이가 있고 보통 밀가루대비 10~30%를 호밀가루를 혼합하여 만든다.

 시험시간 **3시간 30분**　 재료계량 **10분**

요구사항

다음 요구사항대로 호밀 빵을 제조하여 제출하시오.

1. 배합표의 각 재료를 계량하여 재료별로 진열하시오(10분).
   - 재료계량(재료당 1분) → [감독위원 계량확인] → 작품제조 및 정리정돈(전체시험시간-재료계량시간).
   - 재료계량 시간내에 계량을 완료하지 못하여 시간이 초과된 경우 및 계량을 잘못한 경우는 추가의 시간 부여 없이 작품제조 및 정리정돈 시간을 활용하여 요구사항의 무게대로 계량.
   - 달걀의 계량은 감독위원이 지정하는 개수로 계량.
2. 반죽은 **스트레이트법**으로 제조하시오.
3. 반죽 온도는 **25℃**를 표준으로 하시오.
4. 표준 분할 무게는 330g으로 하시오.
5. 제품의 형태는 타원형(럭비공 모양)으로 제조하고, 칼집모양을 가운데 일자로 내시오.
6. 반죽은 전량을 사용하여 성형하시오.

재료명	비율 (%)	무게 (g)
강력분	70	770
호밀가루	30	330
이스트	3	33
제빵 개량제	1	11 (12)
물	60~65	660~715
소금	2	22
황설탕	3	33 (34)
쇼트닝	5	55 (56)
탈지분유	2	22
몰트액	2	22
계	178~183	1,958~2,016

※ 반죽 상태에 따라 물의 양 조정

 **Bread cooking recipe**

— 스트레이트법 : 배합표에 따라 재료를 계량한 후, 감독관의 지시에 따라 작업을 실시한다.

01 믹싱볼에 가루 재료를 넣고 저속으로 혼합한 다음 액체 재료(물)를 넣고 믹싱 한다.

 **반죽온도 조절** : 동절기 및 하절기에는 물 온도를 조절 하여 반죽온도를 맞추어야 한다.

02 반죽이 한 덩어리로 뭉치면(클린업 단계) 쇼트닝을 넣고 섞이면, 발전 단계까지 믹싱 한다.
※ 반죽 온도 : 25℃

03 반죽이 완료되면 가스빼기를 한 후 용기에 반죽을 넣어 온도를 측정한 다음 비닐을 덮어 발효실에 넣는다.

04 발효실 온도 27℃, 상대습도 75~80%, 시간 약 40~50분 정도 1차 발효한다.

05 1차 발효가 완료되면 반죽을 330g씩 분할하여 고구마 모양 (럭비공)형태로 둥글리기 해 놓는다.

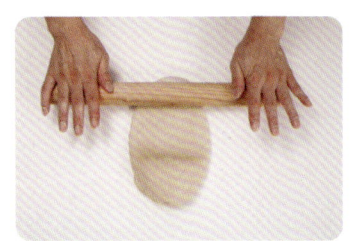

06 반죽을 비닐로 덮어 약 15~20분 정도 실온에서 중간 발효 한다.

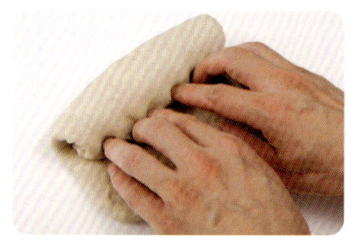

07 반죽을 손으로 큰 기포를 제거한 후 밀대를 이용하여 반죽의 가스를 제거하고 약간 넓게 밀어 편 다음, 둥근 막대 모양으로 말아 밑면을 잘 봉한다.

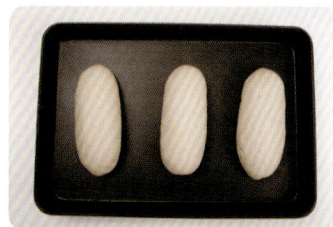

08 반죽의 밑면 이음매 부분이 밑으로 향하게 하여 평 철판에 팬닝 한 후 손으로 반죽이 좌우대칭의 균형이 잡히도록 조절해 놓는다.
※ 정형시 주의점
　1) 원 로프(one loaf)형이므로 타원형으로 밀어편 후 말아 준다(이음매가 밑면으로 향하게 팬닝).
　2) 단단하게 말아서 대칭이 되고 표피가 매끄러워야 한다.

09 발효실 온도 35~40℃, 상대습도 85% 상태에서 약 40~50분 정도 2차 발효 한다.
※ 2차 발효완료점
　- 호밀빵은 오븐 팽창율이 작으므로 완제품의 75~80%까지 충분히 발효시킨다.
※ 발효가 완료되면 감독관님의 지시에 따라 칼집을 넣는다.

10 오븐 상190℃/하160℃에서 약 25~30분 정도 굽는다.
※ 오븐 위치에 따라 온도 편차가 생기면 적절한 시간에 팬의 위치를 바꾸어주면서 굽기를 실시해야 한다.

 - 완제품을 정리하여 감독관에게 제출한다.
　- 완제품 제출 후, 사용한 기구 및 작업대와 주변을 깨끗하게 정리 정돈 한다.

제품평가

ⓐ 부휘 무게에 대해 부피가 적당해야 하며, 찌그러짐과 옆면 터짐이 없고 균형이 잘 잡혀야 한다.

ⓑ 제품이 한 덩어리의 형태이므로 길이와 너비가 보기 좋은 비율로 자연스러운 대칭이 되어야 한다.

ⓒ 호밀 가루에 의한 색상이 전면에 균일해야 하며 옆면과 밑면에는 적질한 색상이 나야 하고 반점과 줄무늬가 없어야 한다.

통밀빵

Whole wheat flour bread | 통밀가루를 사용한 것으로 일반 밀가루로 만든 빵보다 섬유소와 무기질 함량이 높은 빵이다.

 시험시간 **3시간 30분**  재료계량 **10분**

요구사항

다음 요구사항대로 통밀빵 제조하여 제출하시오.

1. 배합표의 각 재료를 계량하여 재료별로 진열하시오(10분).
   (단, 토핑용 오트밀은 계량 시간에서 제외한다.)
   - 재료계량(재료당 1분) → [감독위원 계량확인] → 작품제조 및 정리정돈(전체시험시간-재료계량시간).
   - 재료계량 시간내에 계량을 완료하지 못하여 시간이 초과된 경우 및 계량을 잘못한 경우는 추가의 시간 부여 없이 작품제조 및 정리정돈 시간을 활용하여 요구사항의 무게대로 계량.
   - 달걀의 계량은 감독위원이 지정하는 개수로 계량.
2. 반죽은 **스트레이트법**으로 제조하시오.
3. 반죽 온도는 25℃를 표준으로 하시오.
4. 표준 분할 무게는 200g으로 하시오.
5. 제품의 형태는 밀대(봉)형(22~23㎝)으로 제조하고, 표면에 물을 발라 오트밀을 보기 좋게 적당히 묻히시오.
6. 8개를 성형하여 제출하고 남은 반죽은 감독위원의 지시에 따라 별도로 제출하시오.

재료명	비율(%)	무게(g)
강력분	80	800
통밀가루	20	200
이스트	2.5	25 (24)
제빵개량제	1	10
물	63~65	630~650
소금	1.5	15 (14)
설탕	3	30
버터	7	70
탈지분유	2	20
몰트액	1.5	15 (14)
계	181.5~183.5	1,812~1,835
(토핑용) 오트밀		200g

※토핑용 재료는 계량시간에서 제외

 **Bread cooking recipe**

− 스트레이트법 : 배합표에 따라 재료를 계량한 후, 감독관의 지시에 따라 작업을 실시한다.

01 유지를 제외한 전 재료를 저속에서 혼합한다.

02 반죽이 한 덩어리로 뭉쳐지면 유지를 넣어주고 중속으로 믹싱을 한다.
※ 발전단계, 반죽온도 25℃로 한다.

03 믹싱이 완료 되면 반죽을 매끄럽게 하여 스텐볼에 담아 27℃ 발효실에서 발효시킨다.(60~90분)

04 발효가 다 되면 분할 한다.
(손가락을 눌러 보았을 때 손가락 자국이 남아야 한다.)

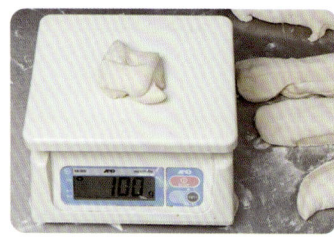

05 반죽을 200g 단위로 분할한다.

06 분할하여 중간발효를 약 15분 정도 해준다.

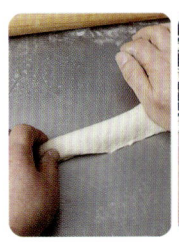 

07 반죽을 접기 하여 22~23㎝ 길이로 늘려 주어 표면에 물을 발라 오트밀을 윗면에 보기 좋게 적당히 묻혀 철판에 4개씩 패닝한다.
 ※ 오트밀이 고르게 묻히게 한다.

08 발효가 완료 되면 220℃/210℃에서 10분간 굽기 하고 온도를 낮추어 5~10분간 더 구워준다.

 – 완제품을 정리하여 감독관에게 제출한다.
 – 완제품 제출 후, 사용한 기구 및 작업대와 주변을 깨끗하게 정리 정돈 한다.

제품평가

ⓐ 외형은 길이가 22~23cm인 봉형으로 두께가 균일해야한다.

ⓑ 윗면은 오트밀이 고루고루 묻어 있어야 한다.

ⓒ 옆면은 터짐이 없어야 한다.

감 수
강 란 기 / 이학박사

- 숙명여자대학교 식품영양학과 졸업
- 숙명여자대학교 대학원 교육학 석사
- 숙명여자대학교 대학원 전통 식생활문화학 석사
- 호서대학교 대학원 식품영양학과 식품학 박사(이학 박사)

- 수원여대 20년간 겸임 교수 역임
- 신한대, 호서대, 경원대(현 가천대), 동서울대, 신안산대 외래교수 역임

- 성남시 빵빵 축제 추진위원장 역임
- 성남시 향토음식 축제 추진위원장(심사위원) 역임
- 전국 제과기술 교육협의회 회장 역임
- (사)전국 직업전문학교 총연합회 자문위원 (감사, 부회장, 외식분과 위원장 역임)

- 수원지방법원 성남지원 민사 조정위원 역임
- 성남 보호 관찰소, 서울소년원, 안양소년원, 부산소년원, 춘천소년원, 장애인복지관, 노인복지관 재능기부

- 2008. 대한민국 직업능력개발 유공 국무총리상 수상
- 2012. 고용노동부 주최 우수 교육훈련 프로그램 경진대회 동상 수상
- 2024. 숙명여자대학교 자랑스런 숙명인 상 수상
- 2024. 대한민국 직업능력개발 유공 훈장 수훈 (대통령 산업포장)

- (사)한국관광음식문화협회 이사장
- 성남제과조리커피직업전문학교 이사장
- 성남제과제빵커피학원 이사장
- 성남요리학원 이사장

제과·제빵 기능사 실기

| 초 판 인 쇄 | 2012년 3월 3일 |
| 개정판20쇄 | 2025년 3월 15일 |

저　　자 ｜ 채동진, 이명호
발 행 처 ｜ 도서출판 유강
발 행 인 ｜ 柳麟夏
감　　수 ｜ 강란기

주　　소 ｜ 경기도 성남시 중원구 상대원동 144-3 우림라이온스벨리 5차 B동 412호
전　　화 ｜ 010-5026-4204
총 무 과 ｜ 031-750-0238
홈 페 이 지 ｜ www.ukang.co.kr

디 자 인 ｜ 옥별
사　　진 ｜ 황익상

ISBN 979-11-90591-02-7

정가 24,000원

잘못된 책은 교환해 드립니다.
저자와 협의하에 인지를 생략합니다.

본 책의 무단복제 행위는 저작권법에 의거 5년 이하의 징역 또는 8,000만원 이하의 벌금에 처하거나 이를 병과할 수 있습니다.